O islamismo explicado às crianças

FUNDAÇÃO EDITORA DA UNESP

Presidente do Conselho Curador
Mário Sérgio Vasconcelos

Diretor-Presidente
Jézio Hernani Bomfim Gutierre

Superintendente Administrativo e Financeiro
William de Souza Agostinho

Conselho Editorial Acadêmico
Danilo Rothberg
Luis Fernando Ayerbe
Marcelo Takeshi Yamashita
Maria Cristina Pereira Lima
Milton Terumitsu Sogabe
Newton La Scala Júnior
Pedro Angelo Pagni
Renata Junqueira de Souza
Sandra Aparecida Ferreira
Valéria dos Santos Guimarães

Editores-Adjuntos
Anderson Nobara
Leandro Rodrigues

Tahar Ben Jelloun

O islamismo explicado às crianças

Tradução
Constancia Egrejas

editora
unesp

© 2002 Editions du Seuil

© 2011 da tradução brasileira

Título original: *L'islam expliqué aux enfants*

Fundação Editora da Unesp (FEU)
Praça da Sé, 108
01001-900 – São Paulo – SP
Tel.: (0xx11) 3242-7171
Fax: (0xx11) 3242-7172
www.editoraunesp.com.br
www.livrariaunesp.com.br
atendimento.editora@unesp.br

CIP – Brasil. Catalogação na fonte
Sindicato Nacional dos Editores de Livros, RJ

B416i
Ben Jelloun, Tahar, 1944-
  O islamismo explicado às crianças/ Tahar Ben Jelloun; tradução Constancia Morel. – São Paulo: Ed. Unesp, 2011.
  104p: il.

  Tradução de: L'islam expliqué aux enfants
  ISBN 978-85-393-0122-5

  1. Islamismo – Essência, natureza, etc. 2. Islamismo – Apreciação. 3. Islamismo – História. 4. Civilização islâmica. I. Título.

11-2198.   CDD: 297
                                               CDU: 28

Editora afiliada:

Asociación de Editoriales Universitarias
de América Latina y el Caribe

Associação Brasileira de
Editoras Universitárias

Para Ismène

O 11 de setembro explicado às crianças

As imagens da tragédia norte-americana do dia 11 de setembro de 2001 não pouparam nossas crianças. Os comentários ouvidos por todo canto a respeito dos terroristas e de sua vinculação com o mundo árabe e muçulmano as deixaram preocupadas e inquietas.

Um dos meus filhos (com menos de 10 anos) perguntou-me:
– Papai, eu sou muçulmano?
– É, como seus pais.
– E sou também árabe?
– Sim, você é árabe, mesmo que não fale essa língua.
– Mas você viu na televisão... Os muçulmanos são maus, eles mataram muitas pessoas, não quero ser muçulmano.

– O que você vai fazer?
– A partir de agora, vou passar a comer carne de porco no refeitório da escola.
– Como quiser, mas antes de desistir de ser muçulmano, eu preciso lhe explicar que essas pessoas más de que você fala não são verdadeiros muçulmanos, existem pessoas más por toda parte.
– Mas disseram que elas são árabes...
– Você não pode pôr todo mundo no mesmo saco. Nem todos os árabes são muçulmanos. Existem árabes cristãos no Líbano, no Egito, na Palestina, no Sudão...
– Eu vi um velho barbudo que rezava como o vovô e, em seguida, ele pegou um fuzil e começou a atirar nas imagens. Ele é muçulmano?
– Se reza como seu avô, é, sim.
– Por que os que fizeram isso não são verdadeiros muçulmanos?
– Alá, bem como o Deus dos judeus e dos cristãos, proíbe que tiremos nossa própria vida, o que chamamos de suicídio. E proíbe que matemos os outros. Logo, esses que embarcaram nos aviões, mataram os pilotos com um facão e, depois, bateram contra as torres de Nova York, desconhecem a religião muçulmana e são fanáticos.

– O que é *fanático*?
– É aquele que pensa que sempre tem razão, que quer ser o mais forte; e se alguém discorda dele, torna-se muito cruel.
– Os Estados Unidos não concordavam com eles, foi por isso que jogaram o avião contra a torre?
– Não, é impossível concordar com eles. É horrível o que fizeram. Ninguém pode aceitar isso.
– O que os Estados Unidos fizeram para que fossem tão cruéis?
– Os Estados Unidos, ou melhor, o governo norte-americano cometeu muitos erros e injustiças. Há mais de dez anos eles bombardeiam as populações iraquianas. Muitas crianças morreram nos bombardeios. Em 1991, o exército iraquiano invadiu o Kuwait, seu vizinho. Os Estados Unidos e outros países intervieram e tiraram à força o exército iraquiano do Kuwait. Logo depois, o Iraque foi condenado pela Organização das Nações Unidas (ONU). Mas, na realidade, foi o povo que foi punido, e não seu dirigente. Como você vê, é complicado. Não é tão simples como você pensa, principalmente porque os Estados Unidos são uma grande potência e devem

procurar ser justos. Dito isto, nada justifica esses massacres.

– Mas foram os iraquianos que os atacaram?

– Não, foram pessoas que se passam por árabes e muçulmanos. Para mim, são uns loucos.

– Mas, por que são loucos?

– Quando eles eram pequenos e frequentavam a escola corânica, aprenderam que Alá pedia que matassem os inimigos do islã e, caso o fizessem, seriam recompensados com a ida para o paraíso.

– Não entendo, é preciso matar para ir para o paraíso?

– Claro que não! Eles foram levados a pensar assim.

– E eles acreditaram? Como conseguiram convencê-los disso?

– Repetindo várias vezes a mesma coisa; dando exemplos de soldados mortos em combate e citando um versículo do *Corão*: "Não fales daqueles que foram mortos no caminho de Deus: eles estão mortos! Não! [...] Eles estão vivos [...]".[1] Eles acabam acreditando naquilo que é repetido milhares de vezes.

---

1 *Corão*, surata 2, versículo 154.

– Mas, eles são muito maus. Matam pessoas para ganhar o paraíso!
– É mentira.
– Mas por que seus líderes os convencem disso?
– Porque estão em guerra contra os que não pensam como eles. Não gostam da vida; então, aceitam sacrificar suas vidas desde que levem junto o máximo de mortos. São terroristas.
– Papai, o que significa *terrorista*?
– Na palavra "terrorista", você encontra a palavra "terror", isto é, um pavor, um temor coletivo, um grande medo, algo que abala e causa pânico. É horrível.
– Não compreendo por que as pessoas que querem ir para o paraíso não vão sozinhas. Por que matam e aterrorizam aqueles que não matam?
– Não sei, meu filho, penso como você. Não consigo compreender como jovens que tiveram formação, viajaram pelo mundo, que se beneficiaram da liberdade e do conforto dos Estados Unidos, resolvem um dia fazer um massacre sacrificando suas próprias vidas. Fazem isso em nome do islã, mas causam sofrimento às suas famílias, ao islã e aos muçulmanos. Não é mais a religião que

está por trás deles, pois nenhuma religião incentiva a morte de inocentes, o islã significa "submissão à paz", e não "matar inocentes". É uma loucura que nem eu, nem você podemos compreender.
– Quando você era criança, sabia que era muçulmano?
– Sabia, sim. Nasci numa casa onde sempre via minha mãe e meu pai fazendo suas preces.
– E você?
– Eu também rezava, mas era preguiçoso, ainda mais no inverno, quando precisava acordar cedo e lavar-me com água gelada. Porque antes de qualquer oração, é obrigatório lavar-se, é o que chamamos de abluções.
– Então, você não se lavava?
– Eu me lavava, mas meu pai notava que eu só fazia isso superficialmente e que detestava água fria.
– O que ele falava?
– Um dia, ele nos reuniu, meu irmão e eu, e disse: "Meus filhos, vocês nasceram no islã, vocês devem obediência aos seus pais e a Deus. Vocês têm que fazer, em princípio, as cinco orações diárias, assim como jejuar durante o Ramadã. Dentro do islã, não há obrigatoriedade. Ninguém tem o direito de obrigá-los a orar, nem Deus, nem

seu pai. Como diz o provérbio: no dia do juízo final, cada um responderá por seus próprios atos. Logo, vocês são livres, eu os deixo refletir. O essencial é não roubar, não mentir, não atacar o fraco e o doente, não trair, não aviltar aquele que nada possui, não maltratar seus pais e, sobretudo, não cometer injustiça. É isso, meus filhos. O resto é com vocês. Cumpri meu dever. Cabe a vocês serem filhos dignos".

– E depois?

– Eu beijei sua mão como fazia todas manhãs e me senti livre. Nesse dia, entendi que podia ser muçulmano sem seguir estritamente as regras e as leis do islã. Lembro-me também das palavras do professor da escola corânica: "Deus é misericordioso". Ele repetia: "Louvado seja Deus todo misericordioso", ou seja, que sabe perdoar.

– Mas, você reza ou não?

– Não se deve fazer essa pergunta; não se deve responder a esse tipo de pergunta porque ela diz respeito à liberdade da pessoa. Se eu rezo, isso só interessa a mim. Se rezo, não é para me gabar que sou bom muçulmano. Algumas pessoas vão à mesquita para serem vistas, outras porque cumprem sinceramente seu dever de religiosos.

— Papai, estou com medo, não consigo dormir.
— Não se preocupe.
— Ouvi dizer que vai haver guerra.
— Que guerra?
— Não sei. Lá na escola contaram que é preciso ficar atento: se virmos um pacote deixado em algum canto, devemos chamar a professora. Sei lá, estou com medo.
— Não se preocupe, a vida é bela, apesar de tudo!

2º dia

Fiquei imaginando aonde teria chegado essa discussão se eu a tivesse prolongado com crianças de 10 a 15 anos.

Percebi as perguntas, a angústia, a impaciência delas. Por isso, converso sobre o islã e a civilização árabe com meus filhos, nascidos muçulmanos, e com todas as crianças independentemente de seus países, suas origens, suas religiões, suas línguas e também suas esperanças. Isso não é absolutamente uma pregação ou uma defesa. Não procuro convencer, falo o mais objetivamente possível e o mais simplesmente possível sobre um homem que se transformou em profeta, história esta também de uma religião e de uma civilização que deram grandes contribuições à humanidade.

Reli o Corão, consultei livros de especialistas, pesquisei na Enciclopédia do islã, *e tentei condensar em algumas páginas quinze séculos de história com a esperança de ajudar a compreender, pelo menos um pouco, o que está acontecendo hoje em dia.*

– Papai, não entendi muito bem o que é o islã. Sou muçulmano, mas o que isso significa?
– Aproveito essa oportunidade para me dirigir a você e a todas as outras crianças que desejam saber.

Era uma vez, há muito tempo, mais de 1.440 anos atrás, por volta do ano 570, um menininho que nasceu em Meca, uma cidade localizada no deserto da Arábia. Ele se chamava Maomé. Não conheceu seu pai, que morreu antes de ele nascer. Não frequentou a escola. Cresceu sem saber ler e escrever. As pessoas viviam do pastoreio e do comércio formado pelas caravanas que cruzavam o país de cidade em cidade. Meca era um centro comercial importante. As caravanas vindas do norte, leste ou sul passavam por lá. Não longe dali, havia a cidade de Jidá, que é um porto.
– Como eram chamados os habitantes dessa região?

– Árabes. Eram os beduínos, os mercadores, os nômades. Viviam em barracas.
– O que quer dizer *beduínos*?
– Eles foram os primeiros habitantes da Arábia. Nessa palavra, encontramos o verbo árabe *bada'a*, que significa "aparecer". Os beduínos são os povos nativos. Viviam no deserto ou nos campos.
– E "nômades"?
– São aqueles que se deslocam, que não têm morada fixa. Os beduínos, por exemplo, formavam pequenas comunidades que viajavam o tempo todo em busca de pastos e nascentes d'água. Eles viajavam montados em camelos.
– O pequeno Maomé nasceu aí. O que a mãe dele fazia?
– Seu nome era Amina e também morreu quando ele era ainda pequeno, tinha menos de 10 anos. Ele ficou órfão muito cedo e foi criado por uma babá, Halima. Foi seu avô que se encarregou de sua educação. Maomé cresceu em Meca com seus tios, guardiães da Caaba – uma construção em formato de cubo onde se encontrava uma pedra famosa, a Pedra Negra, na qual o profeta Abraão, o Amado de Deus, tinha pisado. Os habitantes da Arábia vinham uma vez por ano a

Meca para tentar tocar nessa pedra. Isso se chama peregrinação. Mas, nessa região, havia também cristãos e judeus, isto é, beduínos que acreditavam em um único Deus. A religião judia, o judaísmo, existe há 5.762 anos; a religião cristã há 2.011 anos. Na época, eles não eram numerosos nessa região. Os outros adoravam estátuas e pedras, que chamamos de "ídolos". Parece que havia na Caaba 360 ídolos. Alguns deles acreditavam no poder da natureza, na força da luz e do vento, na memória dos antepassados, isto é, naqueles que viveram antes deles...
– O que Maomé fez?
– Depois dos primeiros anos morando com sua babá, ele passou a viver com seu tio Abu Talib, um homem pobre, porém correto e bom. Maomé o considerava como pai. Ele ensinou-lhe a fidelidade, a honestidade e a bondade. Com 25 anos, Maomé foi trabalhar na casa de uma mulher, rica e viúva, Khadija. Ela era mais velha, tinha 40 anos e possuía várias caravanas. Maomé casou-se com ela; tiveram três meninos e quatro meninas. Infelizmente, os meninos não sobreviveram.
– Por que ele se casou com uma mulher mais velha do que ele?

– É o destino. Ela era proprietária de caravanas e confiava cada vez mais no trabalho do jovem Maomé. Um dia, ela lhe propôs ser mais do que um empregado. Ele aceitou.
– Ele continuou próximo do tio que o criou?
– Sim, continuou. Ali, o filho de Abu Talib que nasceu por volta do ano 600, era também próximo de Maomé, eles eram primos e igualmente amigos. Ali desempenhou um papel importante por ocasião da morte de Maomé.
– Como Maomé tornou-se chefe de uma religião?
– Inicialmente, ele nem pensava nisso. Era um homem discreto e sensível. Devia sentir-se diferentes dos outros. Tinha o hábito de retirar-se nas montanhas aos arredores de Meca e refugiar-se numa gruta para pensar e refletir sobre a vida, a natureza, o Bem, o Mal. Ele meditava.
– O que é "meditar"?
– É refletir profundamente, esperando encontrar um sentido para a vida. Há muito tempo, esse verbo significava "cuidar de um doente". Maomé procurava, no silêncio e na solidão, uma solução para a vida onde alguns são pobres, outros ricos, alguns são sadios, outros fracos e doentes.

– Mas o que ele podia fazer pelos infelizes?
– Ele pensava e procurava uma maneira de torná-los menos infelizes. Um dia, ou melhor, uma noite, quando se encontrava na gruta do Monte Hira, ele teve uma visão, uma intensa e bela luz diante dele; era um importante anjo que lhe pedia para ler. Ele disse-lhe: "Leia". Mas, Maomé, nessa época, com 40 anos, respondeu-lhe: "Não sei ler!" Não podemos esquecer que ele não frequentou a escola, portanto não sabia ler nem escrever. Então, o anjo, que se chamava Gabriel, ordenou-lhe que repetisse após ele: "Leia em nome do seu Senhor que tudo criou! Criou o homem da aderência. Leia, que seu Senhor é generoso; ele ensinou o homem através do uso do cálamo, ensinou o que o homem ignorava." Maomé, emocionado e trêmulo, repetiu as frases do anjo Gabriel.
– O que significa *aderência*?
– A palavra árabe é *'alaq*, que significa "matéria pegajosa". Alguns traduziram essa palavra como "coágulo de sangue". Na verdade, trata-se do líquido viscoso formado pelos espermatozoides, chamado de "esperma". Os seres humanos se reproduzem graças aos espermatozoides.

– O que é "cálamo"?
– É a cana utilizada para fabricar um lápis ou uma caneta para escrever.
– O que ele fez depois dessa visita? Ficou com medo?
– Ficou bastante inquieto. Maomé era um homem simples, mas era inteligente e tinha medo de cair numa armadilha preparada pelo demônio. Ao voltar para casa, ele desabafou com sua mulher, Khadija. Ela consultou um sábio cristão de Meca, Waraqa Ibn Naufal, e pediu sua opinião sobre o que acontecera, e também um conselho. Esse homem, sábio e culto, disse-lhe que Maomé era o profeta esperado. Deus enviaria aos humanos um mensageiro, o último, um homem que transmitiria aos seus semelhantes os ensinamentos ditados pela luz brilhante.
– Por que Deus não falou diretamente com os homens?
– Ele preferiu escolher um homem simples e bom para transmitir suas mensagens e encarregou-o de repeti-las a seus semelhantes. Maomé, graças a essa luz viva e magnífica, recebeu a Revelação.
– O que é *revelação*?
– Algo que surge e torna-se evidente. É como quando procuramos a verdade e ela

se manifesta, então dizemos "a verdade foi revelada". Maomé vai anunciar a palavra de Deus; ela será acolhida durante vários anos por seus companheiros e amigos e vai se transformar em um livro, o livro dos muçulmanos, o *Corão*.
– Qual o significado da palavra *"Corão"*?
– Essa palavra deriva da palavra árabe *qaraqa*, que significa "ler, recitar". Durante 23 anos, Maomé recebeu frase por frase, compondo um livro único no gênero; mais tarde, disseram que foi versículo por versículo, depois capítulo por capítulo. E foi sempre com o anjo Gabriel, quando aparecia para ele em forma de uma grande luz ofuscante, que a mensagem de Deus chegou até Maomé.
– O que Gabriel dizia para Maomé?
– Ele dizia que só existe um único Deus, todo-poderoso e muito misericordioso. Ele dizia que é preciso ser fiel à palavra de Deus, e que é preciso acreditar em sua mensagem, que existe uma outra vida após a morte, que o homem será julgado segundo seus atos e que cada integrante da humanidade deverá dar seu testemunho sobre o que fez em vida, que os homens bons e justos serão recompensados com a ida ao pa-

raíso, e que os outros, os maus, os hereges, os criminosos, serão julgados e enviados ao inferno. Ele dizia que é preciso fazer o Bem e evitar o Mal, que é preciso ser sensato e religioso, e que não se deve adorar as pedras e acreditar que existem outros deuses além de Deus.
– Mas nossa professora que é cristã nos ensina a mesma coisa!
– Como eu disse, antes do aparecimento da religião de Maomé, havia duas outras religiões: o judaísmo e o cristianismo. Ambas adoram um único Deus. E possuem igualmente profetas: Moisés e Jesus. Os judeus, os cristãos e os muçulmanos devem formar "uma comunidade única com os religiosos". O islã veio juntar-se a essas duas religiões que são chamadas monoteístas ou as religiões do Livro. O livro dos Judeus é a *Torá*; o dos cristãos, a *Bíblia*, e o dos muçulmanos, o *Corão*.
– Mono... eu sei o que isso significa: um só!
– Exatamente. Monoteísta significa um único Deus.
– Se temos o mesmo Deus, por que os muçulmanos e judeus estão em guerra?
– Você está confundindo; os muçulmanos e os judeus disputam a mesma terra, mas não

é uma guerra de religião. O islã reconhece os profetas dos judeus e dos cristãos.
– De que maneira?
– Os muçulmanos que devem adoração e amor ao seu profeta, Maomé, devem o mesmo respeito a Moisés e a Jesus. Não esqueça que o islã surgiu seis séculos aproximadamente depois de Cristo. Logo, é a última religião monoteísta da história da humanidade.
– O que os cristãos pensam dos muçulmanos?
– Essa é uma longa história. Mas saiba que em 1965, houve no Vaticano, em Roma, lá onde o Papa vive, uma reunião com pessoas muito importantes da Igreja, que reconheceram que "o islã contém valores preciosos". Essa reunião chamou-se "Concílio Vaticano II".
– Queria saber por que deram o nome de islã ou religião muçulmana ao acontecido com Maomé?
– Na palavra "islã", há a palavra *salam*, que significa "paz". O islã é a submissão a um Deus único, um Deus a quem devemos obediência, fidelidade e lealdade.
– Como obedecer a alguém que não se vê?
– Quando eu era criança, diziam-me que Deus sabia de tudo, via tudo. Eu perguntava a minha mãe: "Até eu, tão pequeno, tão ma-

gro, ele me observa e me vê?"; ela me respondia: "Exatamente, ele é onipotente, e consegue vê-lo, e se você fizer besteiras, ele fica zangado". Um dia, roubei um doce e tranquei-me numa arca para comê-lo. Eu pensava: "Deus não vai me ver!" Tive dor de barriga porque o engoli sem mastigar!
– Se você se esconde bem, Deus não pode ver você!
– Claro que pode, Deus tem o poder de ver mesmo o que está oculto.
– As pessoas más, que fazem a guerra e ao mesmo tempo rezam e dizem adorar Deus, são mentirosas.
– Deus os chama de "hipócritas". Deus enviou a Maomé um capítulo inteiro sobre os hipócritas. Deus os condena.
– Explique-me a palavra *hipócrita*.
– É aquele que tem duas faces, ele trai a verdade, tentando convencer que diz a verdade. O hipócrita é um traidor e um mentiroso.

3º dia

– Voltemos à história do nascimento do islã.
– Mas, antes de continuar, que língua o anjo falava, aquela luz formidável que cercava Maomé?

– Árabe.
– Então, Deus é árabe!
– Não, ele não é árabe, nem chinês, nem africano, nem indiano. Deus é o deus de todos os homens, sem exceção. Ele não faz diferença entre os seres humanos. É o que diz sua mensagem.
– Então por que ele não falou inglês, a língua que quase todo mundo sabe falar?
– Ele falou na língua do seu mensageiro, Maomé. Eu disse que Maomé vivia na Arábia e falava árabe. Devido a isso, os árabes consideram que a língua deles é a língua de Deus.
– Essa língua é a mesma dos meus avós no Marrocos?
– Quase a mesma. No Marrocos, fala-se um dialeto do árabe, e não o árabe dos livros, o chamado clássico ou literário. Mas, quando seus avós oram, eles recitam versículos do *Corão* em árabe clássico.
– E os muçulmanos que não são árabes, como fazem?
– Eles memorizam as orações e as recitam sem entender todas as palavras que usam. Em princípio, eles sabem o significado delas. Os que não são de língua árabe leem o *Corão* traduzido na sua língua.

– Como Maomé fez para que as pessoas acreditassem na sua história?
– Depois de sua mulher, que logo compreendeu que ele dizia a verdade, seu primo Ali lhe deu razão e converteu-se ao islamismo, seguido de Abu Bakr, seu melhor amigo, um homem muito respeitado, do seu filho adotivo Zayd, e de Bilal, o empregado negro de Abu Bakr. Bilal era escravo. Maomé o libertou, ou seja, deu-lhe a liberdade e, como ele tinha uma voz muito bonita, foi designado para fazer a convocação à oração cinco vezes ao dia. Ele foi o primeiro *muezim* do islamismo. Depois, passaram-se alguns anos até que os membros de sua tribo se unissem a ele.
– Existiam escravos?
– Existiam. A escravidão existiu em todas as sociedades. Ao liberar Bilal, Maomé deu o exemplo, supondo que todos aqueles que tivessem escravos fizessem o mesmo. Infelizmente, não o seguiram.
– As pessoas não concordavam com ele?
– Nem todo mundo. Ele foi contestado mesmo dentro de sua tribo.
– Ele não fazia bem às pessoas?
– Ele era, sim, um homem bom, mas como diz a canção, "as pessoas não gostam que alguém siga um caminho diferente".

– Ele pregava fazer o Bem e não trair...
– Isso, mas o que você deve entender, primeiro, dessa história de revelação, é que antes que Maomé se tornasse mensageiro de Deus, as pessoas na Arábia faziam o que elas bem entendiam, não havia regras precisas a cumprir; além disso, eles acreditavam que as estátuas de pedras eram deuses. Maomé chegou e disse a eles: Deus é Verdade, Deus é Justiça, Deus é Espírito, para vivermos juntos devemos ter uma moral, uma espiritualidade, devemos adorar Deus que não é materializado em um objeto, existe o inferno e o paraíso, os bens desse mundo não são importantes, devemos orar cinco vezes ao dia, devemos meditar e acreditar em um único Deus que é muito misericordioso etc.
– As pessoas não iriam acreditar nele...
– Elas não acreditaram imediatamente. É alguém que transformaria seus hábitos. Então, elas começaram a contestá-lo. Deus os condena em um versículo do *Corão*. "Matem os idólatras, onde quer que os encontrem, peguem-nos e os aprisionem, façam emboscada para capturá-los. Porém, se eles se arrependerem, se mostrarem assíduos em suas orações, se concederem esmola, dei-

xem livre o caminho. Em verdade, Alá perdoa; ele é misericordioso".[2]
– Os idólatras são aqueles que não acreditam em um único Deus?
– São os politeístas; acreditam em diversos deuses, em pedras, em ídolos de pedra.
– O que Maomé fez?
– Maomé vai passar por um momento muito difícil: no ano 620, ele perdeu sua mulher e seu pai adotivo, seu tio Abu Talib. Ele ficou sozinho na luta contra o povo de sua tribo, que queria matá-lo. Acompanhado por Abu Bakr e Ali, ele abandonou Meca. Eles se refugiaram numa caverna para fugir dos homens armados que os perseguiam para eliminá-los. No islamismo, não há milagre como nas outras duas religiões, mas conta a história que a entrada dessa caverna foi fechada por uma teia de aranha, protegendo desse modo Maomé e seus companheiros.
– Agora eu entendo por que você me diz para não matar as aranhas! É um animal sagrado!
– Bem, graças a essa teia, o profeta foi salvo. Depois, ele foi para outra cidade, Medina,

---
2 Surata IX, versículo 5.

onde ficou seguro. A partir dessa data, 622, teve início a era muçulmana. Esse ano será o ano 1 da Hégira. Atualmente, estamos no ano 1422 da Hégira.
– O que é *Hégira*?
– A palavra se origina do verbo *hajara*, que significa "emigrar", ir para outra cidade ou outro país.
– Ah, então Maomé foi um emigrante!
– Foi, sim; ele foi obrigado a fugir para continuar a receber e transmitir as mensagens de Deus. Começava a era muçulmana. O calendário obedece à aparição da lua. Essa é a razão pela qual nunca sabemos com antecedência a data exata do início do mês. A partir de Medina, o islã começou a se organizar aos poucos e foram instaurados os cinco preceitos chamados "os cinco pilares do islã". "Pilar" significa fundação, o que sustenta uma casa.
– O que são *preceitos*?
– São regras, mandamentos, ordens.
– E quais são as regras dos muçulmanos?
– Elas são cinco, e quando são respeitadas, isso faz de você um ou uma muçulmana. A primeira regra é a *charia*, o atestado da fé, ou seja, você deve admitir no seu íntimo a ideia de um Deus único, Alá, e que Maomé

é seu mensageiro. Temos que pronunciar essa frase. É essa frase que todo muçulmano pronuncia ao morrer. As pessoas dizem a frase, e ele confirma. Ele levanta o indicador da mão direita e diz: "Afirmo que existe apenas Alá como Deus, e Maomé é seu mensageiro".

– Você pode dizê-la em árabe?

– *Ach hadou anna lâ Illaha illa Allah wa anna Mohammed Rassoul Allah.*

– Podemos repeti-la mesmo que não seja o momento da morte?

– Claro que sim.

– Você a repete sempre?

– Às vezes.

– Como ter certeza disso?

– É o que chamamos de fé, isto é, quando você tem certeza, evidência; ninguém consegue demonstrar o oposto do que você acredita. Para os muçulmanos, é preciso dizê-la e sobretudo não duvidar dela.

– Devemos dizê-la em árabe ou em qualquer outra língua?

– Por que o interesse na língua? O importante é que você tenha convicção dessas palavras.

– Suponhamos que eu não esteja convencido, o que acontece?

– Você não é muçulmano. Simplesmente.
– Segunda regra?
– A *oração*. São cinco ao dia: a primeira, ao nascer do dia; a segunda, quando o sol está a pino; a terceira, no meio da tarde; a quarta, ao pôr do sol; e a última, à noite. Todas essas orações são feitas em direção a Meca.
– Somos obrigados a respeitar esses momentos?
– Em princípio, sim. Se estivermos trabalhando, se estivermos doentes, podemos fazê-las mais tarde. No caso de deficientes, eles podem fazê-las mentalmente.
– Você já falou sobre as *abluções*, você pode explicar por que e como devemos fazê-las?
– Quando rezamos é a Deus que nos dirigimos, logo, temos que estar limpos; as abluções são a higiene um pouco antes da oração. Mas, atenção, há duas espécies de abluções: as completas, que consistem em lavar todo o corpo depois de uma relação sexual, e as simples, que equivalem a lavar o rosto, os antebraços, as mãos e os pés.
– Se temos que nos lavar cinco vezes ao dia, somos os campeões em limpeza!
– Você está certo. Maomé dizia que a boa higiene vem da fé.
– O que dizem as orações?

— Elas glorificam Deus e seu profeta. Recita-se a primeira surata do *Corão*.
— Aquele que o anjo diz para Maomé: "Leia"?
— Não. O *Corão* não foi escrito na ordem dos versículos revelados. O *Corão* começa pela surata curta que se chama "Al-Fatiha", "a abertura". Em cada oração, celebra-se e glorifica-se não somente o profeta Maomé, mas também os outros profetas: Abraão, Moisés e Jesus. Em árabe, eles são chamados de Ibrahim, Mussa e Issa.
— Qual o terceiro pilar?
— É o jejum durante o mês do *Ramadã*. O muçulmano deve abster-se de comer e de beber desde o nascer até o pôr do sol durante um mês. Desse modo, ele conhece a fome e a sede e põe à prova seu propósito em resistir às tentações e sua capacidade de meditar sobre a vida e o Além. É um mês que deve ser consagrado ao recolhimento, à oração e a um exame de sua conduta na vida. O fim do Ramadã é marcado por uma festa chamada *Eid ul-Fitr*.
— Todo mundo tem que parar de comer e beber?
— Não. As crianças que ainda não atingiram a idade da puberdade e as pessoas doentes

não precisam jejuar. Tampouco as mulheres quando estão menstruadas.

– O outro pilar?

– A caridade, chamada de *zakat*. É uma parte do montante ganho por um muçulmano durante o ano; ele o distribui entre os pobres, os necessitados, e isso deve ser feito discretamente, sem alarde e sem designar os pobres para não humilhá-los. Temos que ajudar os menos favorecidos. O outro pilar, regra ou preceito é a peregrinação a Meca, chamada de *Al Hajj*. (Ela não é obrigatória para aqueles que não dispõem de meios materiais ou físicos para realizá-la.) O muçulmano viaja até Meca e Medina para se recolher junto ao túmulo do profeta Maomé e contornar o templo, a Caaba, tentando tocar com a mão a famosa Pedra Preta. A peregrinação acontece todos os anos por ocasião do *Eid al-Adha*, mais conhecido como a "festa do carneiro", a festa que celebra o sacrifício de Abraão, o Amado de Deus. No momento de sacrificar seu filho, Deus enviou um carneiro para ser degolado no lugar de seu filho. É uma festa muito popular. Para muitos, é o momento de comer carne.

– Não comer carne de porco também é uma regra?

– O islã diz para não comer a carne de porco porque esse animal se alimenta de restos de comida jogados no lixo.
– Mas, atualmente, os porcos são criados corretamente, como os carneiros.
– Sim, mas é muito difícil mudar uma lei religiosa. A outra proibição refere-se ao álcool. Existem três versículos, revelados em épocas diferentes, que proíbem o consumo das bebidas fermentadas. O homem que se embriaga perde o autocontrole. Portanto, o islã insiste no autodomínio e também na liberdade do homem, o que o torna responsável.
– Não beber álcool é ser livre?
– A liberdade consiste em proporcionar a escolha ao ser humano. O homem pode beber ou abster-se de beber. Porém, se ele bebe e fica bêbado, ele é o único responsável por seu ato.
– Há outras proibições?
– Sim, o jogo com dinheiro; ter lucros com o dinheiro. Essas proibições são menos observadas; são consideradas pelas pessoas como sendo menos graves do que as outras. É também proibido a uma muçulmana casar-se com um não muçulmano, a não ser que este se converta ao islamismo.

– Mas os homens podem se casar com as não muçulmanas!
– Sim, eles podem casar com as não muçulmanas.
– Isso não é justo.
– É devido ao nome, que é transmitido pelo pai. Trata-se de uma sociedade em que o patriarca predomina, ou seja, o chefe de família. É uma sociedade patriarcal. Por isso, a mulher fica submissa, dependente do homem, e, logo, influenciável. Se ela casar com um não muçulmano, corre o risco de desligar-se do islã e ter seus filhos educados dentro da religião do pai.

4º dia

– Foi a partir de Medina, onde Maomé se refugiou, onde ele se sentiu em segurança, que começou sua luta para trazer o máximo de pessoas para a religião muçulmana, para organizar uma comunidade solidária de pessoas reunidas em torno da fé em um único Deus. Maomé vai combater as tribos que ameaçavam os muçulmanos, e fez o possível para que mesmo seus inimigos se convertessem ao islã, como Abu Sufyan, o chefe de uma tribo que ele havia combatido.

Moisés mostrou-se, segundo depoimentos da época, ser um homem de ação, um chefe militar e político. Houve duas batalhas importantes: Badr, depois Uhud. Foi com ele que surgiu a noção de *Umma islâmica*. A Umna é a comunidade, a totalidade dos muçulmanos. No ano 632, Maomé veio a Meca realizar a peregrinação em torno da Caaba. Ao voltar, ele olhou para a Caaba e disse: "Que templo bonito! Não há nada maior nem mais bonito do que a dignidade de um homem!"

– O que é *dignidade*?
– É o respeito por si mesmo, o sentimento de ser fiel aos valores e qualidades que dão o orgulho de ser um homem. Em vez disso, a indignidade é a mesquinhez, a falta de valores, a renúncia em ser um homem justo e corajoso. O profeta coloca a dignidade acima da beleza da Caaba. Isso mostra a importância que ele dava a essa qualidade, exigida de cada ser humano.

– O que aconteceu depois?
– Ele sentiu que Deus ia chamá-lo junto a ele e que sua missão tinha acabado. Ele voltou para Medina, onde morreu em 8 de junho de 632.

– Quem o substituiu?

– Ninguém. Ele era um profeta, o último mensageiro de Deus sobre a Terra. Deus o enviou aos homens e depois o chamou para junto dele. Seu amigo e companheiro Abu Bakr liderou a oração em nome de todos os muçulmanos. Foi eleito por uma parte da população como "califa", guia dos muçulmanos que seguem as regras deixadas por Maomé. São os muçulmanos chamados de *sunitas*. Outros preferiram Ali, o primo de Maomé. Esses são chamados de *xiitas*. Eles se opuseram aos sunitas quando Ali quis tornar-se califa. Atualmente, os xiitas representam 10% dos muçulmanos no mundo inteiro. Seus representantes religiosos são chamados de "mulás".
– Eu vi na televisão alguns muçulmanos que batiam em seus peitos, isso é normal?
– São os xiitas, eles expressam seu sofrimento flagelando-se.
– Que sofrimento?
– Quando o chefe deles, Hussein, um dos filhos de Ali, morreu na batalha de Karbala, em 10 de outubro de 680, os xiitas se sentiram culpados por não lhe terem dado uma boa proteção para que ele se salvasse. Por essa razão, todos os anos, eles celebram essa data para expressar o luto. Alguns exa-

geram na autopunição, batendo-se violentamente até sangrar. A partir daí, o islã vai se expandir por toda a região e além dela. Duas décadas após a morte de Maomé, Uthman, o terceiro califa, reuniu os 114 suratas que constituíram o *Corão*, o livro sagrado, livro santo e palavra divina.
– Você leu o *Corão*?
– Quando eu tinha sua idade, e mesmo antes de ingressar na escola primária, frequentei durante dois anos a escola corânica, onde tínhamos que aprender de cor o *Corão*. Embora não soubesse ler nem escrever, aprendia os versículos um atrás do outro. No dia seguinte, tinha que recitá-los; se me enganasse, recebia uma palmatória.
– E seus pais não diziam nada?
– Eles não ficavam sabendo. Todas as noites, esforçava-me para memorizar os versículos e poder recitá-los no dia seguinte.
– Você entendia o que você decorava?
– Nem tudo. Eu sabia que tínhamos que adorar Alá, Deus único, que era preciso praticar o Bem, não mentir, não roubar, obedecer aos pais, respeitar o professor, orar, caso contrário Deus nos castigaria. Às vezes, ficava com medo, principalmente quando Deus falava do inferno e do dia do julgamento final. Mas,

logo depois, havia os versículos que nos lembravam que Deus é misericordioso e perdoa aqueles que se extraviam.

– O que lhe dava mais medo?

– Era quando o professor da escola corânica nos descrevia o que acontece quando a pessoa se suicida e desafia a vontade divina. Aquele que se mata, ateando fogo ao corpo, vai refazer esse gesto eternamente no inferno. Aquele que se joga de um edifício, vai jogar-se no infinito. É horrível! Mas isso só vale para quem acredita.

– Para falar do que acontece hoje, Deus castigará os que mataram os norte-americanos?

– Eu creio.

– Por quê? Você não tem certeza? Tudo que você me contou não é verdadeiro?

– Tudo o que eu contei é verdadeiro, isso faz parte da história da humanidade. No que diz respeito a Deus, às vezes o homem começa a se questionar diante dos sofrimentos, das injustiças, da miséria que se alastram pelo mundo. Os cristãos dizem que "Deus é amor", os muçulmanos dizem que "Deus é justiça; Deus é verdade"; mas ao mesmo tempo, o mundo está dilacerado pelas guerras, jovens renunciam à vida, sacrificam-se matando pessoas inocentes em nome do

islã, e então refletimos sobre tudo isso. É normal levantar questões. Somente os animais não duvidam.
– O que é "duvidar"?
– A fé religiosa é uma crença. Crer é aceitar, ter confiança na palavra proposta e permanecer fiel a ela. As religiões não suportam a dúvida, nem o riso. No entanto, a dúvida é o fato de não acreditar cegamente, é introduzir a razão no domínio da crença. Duvidar é indagar e esperar respostas exatas. A lógica e a crença não combinam.
– Você crê?
– Quando temos um pensamento lógico, não é tão fácil ser religioso como imaginam aqueles que têm fé. Digamos, para responder à sua pergunta, que acredito que exista uma espiritualidade, algo misterioso e bonito ao mesmo tempo, e isso me intimida muito. Podemos chamá-lo Deus. Sinto-me muito pequeno diante da imensidão do Universo, e não sou capaz de compreender tudo. Como disse um filósofo: "A inteligência é a incompreensão do mundo".
– Não entendi nada.
– Devemos desconfiar das pessoas que pretendem ter respostas para todas as perguntas formuladas pelo homem. Justamente os faná-

ticos dizem que a religião responde a todas as interrogações do mundo. É impossível.
– E o islã?
– Essa religião deu ao mundo uma bela civilização, uma enorme cultura. Uma característica dessa religião é que ela não possui padre, bispo ou papa. Não existe intermediário entre o religioso e Deus.
– Eu sei que, entre os católicos, existem os padres, que não têm o direito de casar!
– Verdade. Achava estranho que meus colegas da escola iam domingo à igreja para se confessar diante de um padre. Eu lhes dizia: "Mas é com Deus que vocês devem conversar, e é a ele que vocês devem pedir perdão se vocês cometeram algum pecado". Eles me respondiam que fazia parte da tradição deles.
– No islã, não há confissão.
– Não. Antes de ser difamada como é hoje em dia, por pessoas loucas ou ignorantes, a civilização islâmica desfrutou durante três séculos, entre o IX e o XI séculos, do mais alto nível de progresso e de cultura no mundo.

5º dia

– Para falar dessa época magnífica, chamada de *Idade de Ouro dos Árabes*, e antes de chegar à situação atual que, como você disse, é particularmente prejudicial aos países árabes e muçulmanos, eu vou lhe fazer um pedido. Imagine um sonho e entre em um mundo maravilhoso em que reinam a paz, a sabedoria, a harmonia entre as pessoas, a curiosidade em relação a tudo que seja diferente. Pense em um mundo em que as crianças se sintam felizes por frequentarem a escola porque, além de aprenderem de cor o *Corão*, eles começam logo a ter contato com as línguas estrangeiras, com a música, e até com a ciência.

– Fecho os olhos e vou sendo levado por suas palavras!

– A religião muçulmana estimulou os árabes a expandir a mensagem de Alá pelo mundo. Eles foram para o Oriente Médio (Síria, Egito e Iraque, chamado de Crescente Fértil, a Mesopotâmia) e para a Pérsia, na Ásia, e para o Magreb, na África. Essas conquistas nem sempre foram pacíficas. Houve lutas, resistências e mortos. É normal, pois os exércitos árabes ocupavam os países sem a permissão das populações. Eles se instalavam, na maioria das vezes, perto dos oásis e dos rios, nos campos onde preparavam as novas expedições. Existiram

também conflitos entre os clãs muçulmanos. Progressivamente, graças à expansão do islã, os árabes constituíram seu império. A cultura árabe se desenvolveu e ficou mais rica porque soube se abrir para o mundo. A língua do *Corão* substituiu o grego e o persa, de maneira que um historiador iraniano do século X declarou: "A língua árabe é depositária de todas as artes da Terra; ela penetra profundamente em nossos corações, seu poder nos encanta no mais íntimo do nosso ser [...]."
– O que significa "depositária"?
– Nessa frase, significa que a língua árabe contém todas as artes, que dela nascem as obras de arte, como a poesia, as ciências, a medicina etc. Tudo aquilo que ajuda na evolução da humanidade e a torna melhor.
– Então, todo mundo falava árabe!
– Não, nem todos os países, mas a língua árabe naquela época era tão importante quanto o grego na História da Antiguidade.
– Não conheço a importância do grego nos tempos antigos, mas suponho que o árabe era ensinado em todas as escolas, o contrário de agora.
– Todo mundo aprendia o árabe porque os eruditos muçulmanos árabes fizeram um

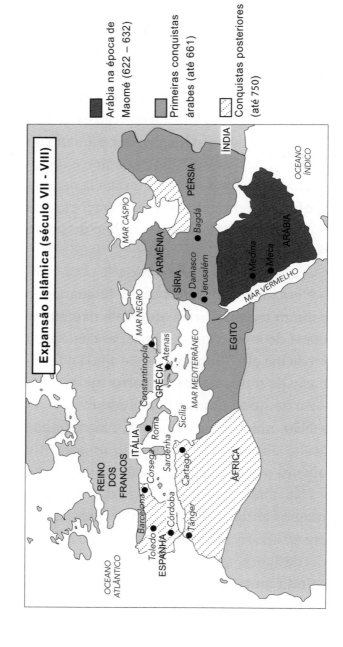

Ilustração da Caaba, construção sagrada da Mesquita de Al Masjid Al-Havan, em Meca.

gigantesco trabalho para traduzir tudo o que as outras línguas haviam produzido de importante. Desse modo, foram traduzidos livros da filosofia grega, obras do persa, do hindu...
– O que se entende por *Filosofia*?
– É o amor pela sabedoria e pelo saber. Na filosofia, aprendemos a pensar apoiados nas descobertas e escritos dos filósofos antigos. É utilizar a razão para pensar com método, saber aonde vai sua vida.
– Bom, acho que entendi!
– Eu insisto: a filosofia é o estudo daquilo que pensamos. Por essa razão, quando os árabes traduziram e publicaram os estudos filosóficos dos gregos, eles prestaram um grande serviço à humanidade. Todo mundo descobriu os grandes filósofos gregos graças aos árabes. A língua árabe predominou por toda parte. A ciência, a medicina, a matemática, a geografia, a astronomia, tudo isso foi ensinado em árabe. O profeta Maomé, que não teve a sorte de frequentar a escola, dizia que todo muçulmano deveria buscar a ciência em qualquer parte do mundo.
– Quando os muçulmanos ocupavam um país, as pessoas eram obrigadas a aprender o árabe?

– Não eram obrigadas, mas naquela época, quem quisesse avançar nos estudos, aprender muitas coisas, precisava conhecer a língua árabe. A língua do islã foi imposta como primeira língua falada e escrita no mundo. A partir do século IX, a ciência empregava a língua árabe, da Espanha até à China. A pesquisa científica, que possibilitou novas descobertas, era feita em árabe, fosse tanto em Bagdá, em Damasco, no Cairo quanto em Granada, Palermo ou Samarcanda. Por todo lado, eram construídas universidades e bibliotecas que levavam o nome de *Casas da Sabedoria*.
– O que é uma *Casa da Sabedoria*?
– Era um centro onde se reuniam as pessoas desejosas de aprimorar seus estudos, discutir com pessoas mais cultas ou mais experientes do que elas, onde tudo era feito para facilitar a aquisição do saber e dos conhecimentos.
– E as pessoas frequentavam esses lugares?
– Sim, havia uma sede de aprender, um entusiasmo para estudar. As pessoas descobriam o mundo, culturas diferentes, línguas diferentes.
– Quem estimulava as traduções e os estudos?

– Os califas, isto é, os líderes das regiões, aqueles que difundiam o islã. Mas também pessoas ricas, que davam dinheiro para traduzir obras importantes e construir as Casas da Sabedoria, isto é, da cultura.
– Até os europeus falavam árabe?
– Não. Os europeus se serviam das descobertas e das traduções feitas pelos árabes para progredirem dentro de sua própria cultura.
– Qual era a capital desse Império Árabe?
– Era Bagdá, principal cidade do Iraque. O mais célebre califa chamava-se Harun Al--Rashid, aquele que encontramos nos contos das *Mil e uma noites* e que viveu no início do século IX. Foi de Bagdá que partiram para o estrangeiro cientistas e estudantes à procura de manuscritos de ciência, de medicina ou de filosofia a fim de traduzi-los para o árabe.
– Mas os árabes só traduziam livros?
– Não, eles escreviam, faziam pesquisas no campo das ciências e da medicina, por exemplo; eles construíam universidades, *madraçais*, isto é, escolas religiosas, bibliotecas, mesquitas, palácios etc. A tradução significava que os árabes não se consideravam eruditos que nada mais tinham a aprender. Ao contrário, o verdadeiro homem de cultura é aquele que diz que

aprende com os outros. Eles queriam saber o que pensavam os povos que não eram nem muçulmanos nem árabes, e o que faziam no campo das ciências, das letras, da arquitetura, do comércio...
– Queria saber como se traduz...
– Passar um texto de uma língua para outra não é fácil. É transmitir o equivalente do que está escrito em uma língua para outra. Muitas vezes, a tradução pode ser um sinal de curiosidade. E lhe dou o exemplo: os árabes, mesmo hoje em dia, continuam a traduzir os livros dos escritores da Europa, dos Estados Unidos, da América Latina. Você encontra nas livrarias árabes tanto ou mais livros traduzidos de línguas estrangeiras do que livros escritos diretamente em árabe. Isso significa que os árabes têm sede de aprender. Se você for numa livraria dos Estados Unidos, verá que há poucos livros traduzidos. Uma sondagem recente revelou que, entre cem livros publicados pelos editores norte-americanos, somente três eram traduções. Eles não têm muito interesse pelo que pensam ou escrevem as outras pessoas.
– Eles são poderosos!
– Eles são sobretudo ricos, e pensam que não precisam da cultura dos outros.

– Continue falando de quando os árabes eram fortes.
– A força deles não era física. Eles compreenderam que a verdadeira conquista não se faz com armas, mas com a cultura, o que não impediu que tivessem entrado em guerra.
– Como se pode definir *cultura*?
– É a cultura que nos diferencia dos animais. A cultura vem da palavra "cultivar" uma terra, ará-la e semeá-la. O ser humano tem tanta necessidade de comer e beber, de ter boa saúde quanto de conhecer o mundo que o cerca e no qual ele vive. A cultura é o produto da inteligência, que nos permite desenvolver nossa mente, refletir melhor e estar em contato com o legado de nossos antepassados. A cultura se transmite de geração em geração. O conjunto de suas manifestações e de seus desenvolvimentos chama-se "civilização".
– O que nossos antepassados nos deixaram?
– Para responder a essa pergunta tenho que voltar um pouco no tempo e falar da época do Iluminismo árabe. Os árabes deixaram, não apenas aos árabes e outros muçulmanos, mas a toda humanidade, muitas coisas bonitas: a álgebra (palavra árabe que signi-

fica "redução"); o zero, sim, o algarismo zero, você vai me dizer que não é nada, porém é a base de toda matemática. Em árabe, zero diz-se *cifr*, que significa "vazio", que deu origem igualmente à palavra "cifra". Sem entrar nos detalhes históricos, aquele que mais estimulou os sábios, os poetas, os pesquisadores foi Al Ma'amun, califa, filho de Harun Al-Rachid. Ele dirigiu um grande império, cuja capital era Bagdá, que tinha, naquele tempo – ou seja, no século IX –, mais de 1 milhão de habitantes de origens e religiões diversas. Na mesma época, Roma, a cidade mais populosa da Europa, tinha apenas 30 mil habitantes. Ocorriam encontros entre os sábios vindos da Índia, China, Europa e do mundo árabe. Bagdá era a capital cultural do mundo. Assim, toda terça-feira, o califa convidava os cientistas e estudiosos presentes em Bagdá para um dia de conversa, de reflexão e troca de ideias e opiniões. As Casas da Sabedoria proliferavam. E o papel, que era comprado da China, favoreceu cada vez mais o trabalho dos escribas.
– Os livros não eram impressos?
– Não. A tipografia foi inventada muito mais tarde, no século XV (o primeiro a fazer as primeiras tentativas de impressão foi

Gutemberg, nascido na Mogúncia, hoje Alemanha, por volta de 1400). Porém, o primeiro moinho de papel foi construído em Bagdá em 794. Outras manufaturas de papel foram criadas no Egito, na Palestina, na Síria. Junto aos chineses, os árabes da Sicília e da Andaluzia introduziram a indústria do papel na Europa.

6º dia

– Hoje, vou falar sobre a presença árabe e muçulmana na Andaluzia, no sul da Espanha. Os historiadores relatam que, assim que os árabes chegaram à Andaluzia, ficaram chocados com a pobreza cultural do local, apesar do legado do Império Romano. Um dos historiadores relatou: "Era a ausência plena. Os imigrantes que vinham em grupos da Arábia e da Síria encontravam populações incapazes de fornecer algo relevante. Não existia nada que pudesse ser adotado, assimilado, imitado ou desenvolvido". Ao lado de Bagdá, Córdoba vai se tornar o mais importante centro cultural do mundo muçulmano. O califa Abd Al Rahman II reinou na Espanha muçulmana por meio século. Ele transformou Córdoba em uma cidade magnífica, que irradiava cultura. Cercou-se de eruditos muçulmanos, judeus e cristãos, apoiando-os financeiramente em suas pesquisas. Foi a época em que a poesia andaluza – magnífico símbolo do encontro judaico-muçulmano – e a literatura do amor conheceram um grande desenvolvimento, a ponto de influenciar enormemente e durante muito tempo o Ocidente. O poeta francês Louis Aragon revela no livro *Le fou d'Elsa* [O louco por Elsa] tudo o que ele deve à poesia árabe daquela época.

– Você pode me explicar o que ele deve?

– É uma poesia do amor, lírica, que canta e deplora o amor. Louis Aragon, grande poeta do século XX, inspirou-se nesses cantos para escrever seu longo poema de amor por Elsa, sua mulher. E depois, há a poesia mística que é muito bonita.

– O que é *místico*?

– A palavra vem de "mistério". O místico é aquele que tem uma relação forte e íntima com Deus, excluindo qualquer outro laço; essa relação é como a fé, de difícil explicação. A poesia mística é a celebração do amor imenso por Deus. No mundo muçulmano, os místicos são chamados de "sufis". A palavra vem de *sof,* que significa "lã" em árabe.

As vestimentas dos sufis eram confeccionadas com lã grosseira, que os distinguiam daqueles que trajavam roupas luxuosas e muito coloridas. Os sufis renunciam às coisas superficiais da vida para se consagrarem inteiramente à oração, à meditação e ao amor de Deus.

– Eles eram poetas?

– Sim. Os poetas vão ser uma marca da civilização muçulmana. O mais célebre chama-se Al Hallaj. Ele dizia: "Eu sou Aquele que eu amo" referindo-se a Deus. Um dia, ao sair às ruas de Bagdá, disse: "Eu sou a Verdade". Essa confusão com Deus não foi tolerada e ele foi considerado como um possuído. Foi preso, julgado e condenado à morte em 922. Deixou poemas de grande beleza. É bom que você também saiba que Deus não confia nos poetas. Ele diz no versículo 224, surata XXVI: "Quanto aos poetas, somente os extraviados os seguem", isto é, aqueles que se perderam, aqueles que desviaram do caminho. E acrescenta: "Eles falam o que não fazem".

– Uma vez você me disse que o que você mais gosta no *Corão* é a poesia!

– O *Corão* é escrito em uma linguagem muito bonita, repleta de poesia. Mas o sig-

nificado de "poetas" no versículo refere-se àqueles que empregam palavras vazias, sem nenhuma ação; não é isto que caracteriza os poetas em geral.
– Então, tudo que era bom era árabe!
– Digamos que os árabes compreenderam uma coisa simples: para progredir, enriquecer, não é preciso fechar a casa; ao contrário, temos que abrir as portas e as fronteiras, ir ao encontro dos outros, ter interesse pelo que escreveram, pelo que construíram. Eles queriam progredir, e isso implicava saber o que os antigos povos já haviam feito. A inteligência dos árabes estava na modéstia e na aceitação de que o erudito é alguém que começa dizendo "não sei nada". Eles foram buscar a ciência em locais onde outros a haviam desenvolvido, na Grécia, por exemplo.
– Por que a Grécia?
– Porque a grande Grécia dos séculos IV e III antes da nossa era, isto é, cerca de 2.400 anos atrás, era um local onde os cientistas trabalhavam a matemática, a astronomia, a medicina, a filosofia.
– Tudo acontecia na Grécia?
– Não, havia também a Pérsia, o Irã atual.
– O que é astronomia?

– É o estudo dos astros e suas localizações no espaço.
– Os árabes se interessavam também pelo espaço?
– Claro, porque para navegar pelo oceano é preciso saber a posição dos astros no espaço. Você sabia que os dois primeiros observatórios do céu foram criados em 827, um em Damasco, o outro em Bagdá?
– Mas os gregos não estudavam os astros?
– Sim, no século II, havia Ptolomeu, um grande astrônomo. Os árabes leram o que ele escreveu e continuaram sua pesquisa. O mais influenciado pela obra de Ptolomeu foi Ibn Al Haytham (morto em 1040). Ele era matemático, físico e astrônomo e escreveu um tratado de óptica de mil páginas, que se tornou a referência para a orientação na terra e no mar, de todo o ocidente, entre os séculos XIII e XVI.
– A *óptica* estuda o quê?
– Tudo o que diz respeito ao olho, à vista e aos meios técnicos empregados para observar as coisas que o nosso olho nu não pode distinguir.
– Os árabes eram poderosos em tudo!
– Mais uma vez, insisto: a força deles vinha da humildade, eles aceitaram aprender e não

diziam que eram eruditos, tampouco que a civilização deles era superior às outras.
– O que é a *humildade*?
– É a qualidade de ser modesto, de não acreditar que sabe tudo e que ninguém tem nada para nos ensinar. A humildade é, como se diz no Marrocos, "ter a cabeça maleável", isto é, o contrário de cabeça-dura! O sábio é aquele que reconhece que não sabe muita coisa, que tem ainda muito que aprender com os outros.
– Você havia me dito que em certos países árabes o médico é chamado de "o sábio", *al hakim*.
– Exatamente. A medicina árabe resultou da obra de grandes cientistas e, por consequência, dos sábios. Saiba que o hospital mais antigo foi construído por Harun Al-Rashid por volta do ano 800. Dois grandes nomes são importantes na História da medicina: Al Razi, originário do Irã, e Avicena, nascido nas estepes da Ásia central. Esse último escreveu em árabe o *Cânone da medicina*, uma enciclopédia de cinco volumes conhecida no Ocidente como "o apogeu e a obra-prima da ciência árabe". Ele foi traduzido em latim no século XII. Ele dominou o ensino da medicina na Europa

até o final do século XVII. Sua definição de medicina era: "*É a ciência que estuda o corpo humano, tanto saudável como doente, com a finalidade de preservar a saúde quando ela existe e de restaurá-la quando ela se perdeu*". Nessa mesma época, um médico chamado Al Zahrawi impulsionou a ciência da cirurgia e dos instrumentos cirúrgicos. Foi somente no século XIII que a cirurgia chegou à Europa. Esse atraso foi devido à religião cristã, que discordava dessa ciência. Como você vê, hoje em dia os muçulmanos são acusados de atrasados, mas os cristãos também já o foram.

– Na verdade, ser muçulmano nesse momento é difícil!

– Por que você diz isso?

– Não sou eu que digo, ouvi na televisão.

– É verdade. Por causa de alguns fanáticos que se reivindicam do islã, os muçulmanos são mal compreendidos e mal vistos nesse momento. Mas, antes de continuar, quero lhe dar alguns exemplos de muçulmanos que estiveram em evidência em todo o mundo.

– Em que área?

– Na literatura, por exemplo. Você conhece *As fábulas* de La Fontaine?

– Claro que sim.
– Então, saiba que muito antes de La Fontaine, um escritor árabe, Ibn Al Muqaffa (século VIII), traduziu e adaptou para o árabe as fábulas e contos nativos com o título de *Kalila e Dimna*. La Fontaine leu a versão francesa desse livro em 1644. Ele se inspirou nessas fábulas e nas de Esopo para redigir suas próprias fábulas de animais.
– La Fontaine é um plagiador!
– Não um plagiador, porém um homem inteligente que soube aproveitar o que já havia e escreveu para as crianças da França. Mas, sem Ibn Al Muqaffa, *as Fábulas* de La Fontaine provavelmente não existiriam.
– Mais um exemplo!
– Você conhece a história de Robinson Crusoé?
– Nós a lemos na sala de aula.
– No século XII, um homem que vivia em Granada, depois em Tanger e Marrakech, escreveu *Hay Ibn Yaqdan*. É a história de um homem solitário em uma ilha deserta que vai descobrir sozinho as grandes verdades da vida, que conduzem ao que chamamos "luz de Deus". Um profeta oriundo de uma ilha vizinha confirmou-lhe que as verdades reveladas pela religião são exatamente as

mesmas descobertas por ele. Essa obra foi escrita cinco séculos antes do livro de Daniel Defoe.

– Um outro exemplo!

– Marco Polo é famoso por ter completado a volta ao mundo. Muito antes dele, um árabe, Ibn Battuta, nascido em 1304 em Tanger, havia feito duas vezes a volta ao mundo. Ele deixou um diário, em que contou tudo que viu e ouviu.

– O que mais?

– Um italiano de Amalfi, Flavio Gioja, é sempre lembrado como o inventor da bússola. Na verdade, foram os navegadores árabes que o motivaram a descobrir esse instrumento que permite orientar-se no mar e na terra. Os navios comerciais árabes eram os donos dos mares no século XII; foi somente em 1302 que Flavio Gioja descobriu, em um livro, a existência desse instrumento inventado pelos árabes.

– Certo, os árabes inventaram muita coisa. E hoje em dia, eles não inventam mais nada?

– Para entender a situação atual dos países árabes e muçulmanos, sou obrigado a utilizar um pouco mais a História. Se você prestou bem atenção, foi o islã que impulsionou os árabes a percorrerem o mundo com o objetivo de expandir a mensagem do profeta e também de converter o maior número possível de pessoas à nova religião. Ao deixarem seu país, eles descobrem outro mundo e querem adquirir conhecimentos e participar da evolução da humanidade. É o que acaba acontecendo. Houve batalhas, mortos e conflitos internos no islã. Quando os muçulmanos ocupavam um país, eles colocavam sob sua proteção os cristãos e os judeus, que, por sua vez, deviam pagar-lhes um imposto.

– Eles compravam a proteção dos árabes?

– Na qualidade de minorias, sim.

– Minorias?

– Nas terras do islã, os judeus e cristãos, chamados pelos muçulmanos de "pessoas do Livro" – isto é, aqueles que têm uma religião baseada em um livro santo, como o *Corão* para os muçulmanos –, não eram muito numerosos, eram minorias. Devido a essa condição, eles tinham que depositar uma quantidade de dinheiro diretamente ao Tesouro em troca de uma garantia para sua segurança física e moral.

– Por que havia essa necessidade de pagar para viver com os muçulmanos?

– Talvez os muçulmanos quisessem levá-los à conversão ao islamismo... Mas essa situação não durou para sempre. Apesar disso, foi entre os séculos IX e XI que floresceram a inteligência, o saber e a cultura que caracterizam as atividades muçulmanas. Depois de Avicena (980–1037), que será ensinado na Europa até o século XVII, em seguida a Al Farabi, que estabeleceu um quadro geral das ciências, vem Averróis. Foi um homem importante.
– Mais do que os outros?
– Sim, porque ele foi mais longe ainda do que seus predecessores. Ele surgiu um século após Avicena. Nasceu em Córdoba em 1126 e morreu em 1198 no exílio, no Marrocos.
– Por que ele se exilou no Marrocos?
– Porque justamente era um filósofo. Foi ele que compilou o legado do filósofo grego Aristóteles e o transmitiu ao Ocidente. Ele era também um grande jurista muçulmano.
– O que significa *jurista*?
– É aquele que estuda o Direito, isto é, as regras e leis que formam a base de qualquer sociedade. É o que define os critérios da justiça.
– Ah, bom, então ele era amigo da sabedoria e da justiça.

— Ele vai tentar introduzir a Razão no âmago da fé.
— A Razão é a lógica; a fé é a crença, não é isso?
— Sim, ele vai tentar levar certa lógica ao ato de crer. Em seguida, ele vai observar que a religião muçulmana é composta por pessoas que não têm outros interesses. Existem seitas, clãs que se recusam a discutir e, sobretudo, a aceitar a contribuição de estrangeiros. Surgiram, então, polêmicas. A Casa do Islã não era mais a Casa da Sabedoria. Averróis denunciou tudo isso, mas os homens políticos de Córdoba não tinham a mesma opinião. Ele fugiu e pediu proteção ao Marrocos. A partir dessa época, a civilização muçulmana foi contaminada pelo fanatismo e pela intolerância. Mas não são apenas esses sinais que explicam a decadência, houve também o período das Cruzadas.

7º dia

— O que é *decadência*?
— É algo que se degrada, que enfraquece, que em vez de ir em direção ao progresso, segue o caminho da descida e da queda.

Avicena (980-1037)

Averróis (1126-1198)

Bússola

Astrolábio

Uma casa que não é mais conservada, que não é habitada ou pouco habitada, degrada-se; ela cai em ruínas, nada mais funciona em seu interior. Se as fundações são sólidas, se as paredes são construídas com tijolos resistentes, se as pessoas que a frequentam contribuem com novas riquezas, a ventilam e a embelezam, ela se conserva. É mais complicado do que isso, enfim, mas uma civilização é um conjunto de aquisições que fazem parte de um legado e dos frutos deixados por seus antepassados. É preciso cuidar de uma civilização da mesma maneira que se cuida de uma antiga e bela casa.

– A civilização árabe não foi bem conservada?

– Depois de sua época de glória e de esplendor, ela sofreu abalos, principalmente porque ocorreram divisões internas no interior da casa. Houve rivalidades entre os califas; esses líderes mostraram uma voracidade cada vez maior, eles não pensavam mais no interesse geral, mas nos interesses imediatos de seu egoísmo. Assim, os califados de Bagdá e de Córdoba eram sunitas, pertenciam à tradição clássica do profeta, enquanto o califado fatímida no Cairo era xiita, isto é, adepto de Ali.

– Como se manifestavam essas divisões?

– A partir de 1055, os califas apelaram para os mercenários seljúcidas (oriundos da Turquia atual) para defender seu território. Esse exército seljúcida vai impedir que os cristãos tivessem o acesso aos lugares santos de Jerusalém e vai persegui-los. E assim tomaram o poder político.
– E aí, o que aconteceu depois?
– O papa Urbano II aproveitou essa divisão árabe e essa chegada dos mercenários para iniciar as Cruzadas contra os muçulmanos, de 1096 a 1099. No início, ele respondia ao pedido de socorro feito pelo imperador bizantino, cuja capital – Constantinopla – estava ameaçada pelos muçulmanos seljúcidas. Em seguida, os exércitos cristãos realizaram suas próprias conquistas.
– De onde vem a palavra *cruzada*?
– Da palavra "cruz". A cruz é o símbolo dos cristãos porque Jesus foi crucificado. A cruzada consistia em fazer a guerra em nome do cristianismo contra aqueles que se opunham a essa religião ou aqueles que impediam sua expansão. Naquela época, o islã expandia-se e brilhava em todos os níveis. Ao total, foram oito expedições de cristãos armados. A última ocorreu em 1223. Os príncipes católicos tomaram Córdoba em

1236 e, em seguida, Sevilha em 1248. Foram derrotas políticas e militares da civilização árabe e muçulmana. Somente Granada resistiu. E foi o último foco da civilização árabe na Europa. Caiu nas mãos dos reis católicos em 1492. Foi o fim de uma época e de uma grande civilização. O mundo se transformou. Este também foi o ano em que Cristóvão Colombo descobriu a América.

– O que aconteceu então com os árabes da Andaluzia?

– Entre eles haviam judeus e muçulmanos, que foram expulsos da Espanha. Restavam àqueles que quiseram ficar duas alternativas: o batismo ou a morte.

– O que isso significava?

– Tornar-se cristão ou morrer. Muitos escolheram a conversão ao catolicismo. Mas, apesar dessa conversão, eles ainda foram perseguidos, porque no fundo nunca renunciaram à própria fé. Esses eram chamados de mouriscos. Eles foram perseguidos e deportados da Espanha em grande quantidade. É o que chamamos de Inquisição. Ela terminou em 22 de setembro de 1609. Saiba que a Espanha católica absorveu, sem nunca reconhecer, tudo o que os árabes trouxeram para a região. Entre os muçulmanos que tiveram que escapar de Granada por causa da reconquista pelos católicos, havia um cientista, um geógrafo, Leão, o Africano. Seu verdadeiro nome era Hassan Al Wazzan (o Pensador), ele passou vários anos em Roma junto ao Papa Leão X (1518). Ele ensinou o árabe e o italiano, introduziu na corte desse papa textos gregos traduzidos em árabe, que foram, em seguida, traduzidos em latim. Ele é o símbolo do bom entendimento entre o Oriente e o Ocidente.

– O que aconteceu com os muçulmanos e os árabes?

– O mundo árabe se isolou; ele ficou proibido de ter relações comerciais com a Europa; a filosofia árabe continuou a ser ensinada nas universidades europeias, porém, ela parou de se desenvolver e, sobretudo, de ser ensinada no mundo árabe-muçulmano.

– O que se estudava no lugar?

– No lugar da filosofia, que nos ensina o método, a dúvida e a reflexão, que nos abre horizontes variados e múltiplos sobre o pensamento dos outros povos, ensina-se a religião islâmica e apenas a religião islâmica. No entanto, quem diz religião, diz crença, logo ausência de reflexão e de dúvida. Desse modo, de uma tradição de abertura para o mundo passou-se para o isolamento, para uma introspecção íntima. Foi um empobrecimento. Isso foi muito grave para o mundo árabe e muçulmano. Foi um processo longo. E o resultado é visível hoje em dia. O derrotado sofre as consequências da derrota por um período muito longo.

– O que aconteceu entre o século XVI e hoje?
– Muita coisa. Mas tentemos entender por que o mundo árabe conheceu um longo período de declínio.
– O que é declínio?
– Declinar é reduzir o nível e a qualidade. Quando alguém está doente, dizemos que sua saúde está em declínio, ou então, se alguém não enxerga mais, que sua vista está declinando, se ele ouve mal, que seu ouvido está declinando. É a mesma coisa que a decadência. Parece uma queda lenta.
– Qual a razão desse declínio?
– A aquisição do saber, as traduções, os encontros entre cientistas, a liberdade filosófica, tudo isso foi desejado, financiado e protegido pelos príncipes. Essa abertura respondia à necessidade de compreender o mundo para governar melhor um império muito amplo, no qual havia apenas povos

árabes. Quando os príncipes começaram a desentender-se, os cientistas e os filósofos não tiveram mais apoio político nem financeiro para continuar a trabalhar.

– Diga-me o nome de um cientista árabe famoso dessa época.

– Se fosse para guardar na memória um único nome, o último grande cientista árabe, que escreveu uma obra de alcance universal, foi Ibn Khaldun. Ele foi o inventor do que chamamos atualmente de Sociologia, isto é, o estudo dos fatos e comportamentos da sociedade. Ele viveu no final do século XIV e início do século XV na África do Norte (1332–1406). Ele estudou a mentalidade e os comportamentos dos árabes. Observou-os muito e criticou-os também. Mostrou a direção para a crítica e para a mudança. Ele alertou os califas contra as pessoas não qualificadas, encarregadas do ensino religioso e que se servem disso para desvirtuar os demais. Ele também era contra o fato de fazer uso das mesquitas para outro ensinamento que não fosse o *Corão*. Já à sua época, ele via o perigo em utilizar o islã por razões que não tinham que ver com religião. Era um visionário. Demonstrou a influência que o clima pode ter sobre o humor e as mentalidades das pessoas. Foi preciso esperar pelo final do século XIX e início do XX para que mentes inteligentes e abertas, como Ibn Khaldun, propusessem reformas ao islamismo.

– O que são *reformas*?

– São certas mudanças das regras e hábitos no modo de praticar a religião.

– É possível mudar algo na religião muçulmana?

– Não se trata de tocar nos valores e preceitos fundamentais, porém de conservá-los, aprimorando-os ao mesmo tempo. Para isso é preciso ter coragem e perseverança. Lembremo-nos do afegão Jamal Eddine Al Afghani (morto em 1897) e do egípcio Mohammed Abduh (morto em 1905). Eles preconizavam o diálogo, a tolerância e, sobretudo, a adaptação ao mundo moderno. Eles diziam que não devemos aceitar cegamente o que os antigos mestres impuseram como regras de conduta no islã, que a época do surgimento do islã é muito diferente dos tempos modernos. Para mudar certas coisas nos países muçulmanos, eles se serviam do versículo do *Corão* que diz: "Deus não muda a condição de um povo enquanto ele não muda a sua própria".³ Isso significa que, se atualmente os muçulmanos são mal vistos no mundo, nem sempre a culpa é dos outros, dos não muçulmanos. Eles têm que decidir mudar o que está ruim ou doente na sociedade deles. Embora os não muçulmanos tenham prejudicado os povos islâmicos, eles não podem levar a culpa por tudo que não funciona bem nesses países. Cada um tem sua porção de responsabilidade. As Cruzadas são uma lembrança longínqua, assim como a colonização. Se, entre os muçulmanos, jovens tornaram-se fanáticos e violentos, isso é resultante de uma má educação, dirigida por pessoas ignorantes e inescrupulosas. Não souberam ou não quiseram orientá-los para o desenvolvimento, a cultura e a vida. Deixaram a pobreza e o analfabetismo se desenvolver. Tiveram medo da liberdade e não fizeram nada contra a corrupção e as injustiças. Assim, eles se voltaram para a religião que mal conheciam. Como diz o *Corão*, eles se perderam. Eles estão errados. A raiz do Mal nem sempre está nos outros.

– O que é *escrúpulo*?

---

3 *Corão*, surata XIII, versículo 11.

– Você sabe como se chama a pedrinha que entra no sapato e incomoda quando você anda?
– Não. Uma pedrinha chata?
– Chama-se "escrúpulo", deriva do latim *scrupulus*; porque é um grão de areia que impede o homem bom de dormir. Ele fica perturbado por algo que pode ser uma lei, uma regra, um princípio. As pessoas sem escrúpulos dormem sem problemas. Eles não se incomodam pelo desrespeito aos princípios.

8º dia

– Quais são os principais acontecimentos do mundo árabe no início de sua decadência?
– Do Império Árabe-Muçulmano passamos para o Império Otomano, isto é, turco. Os turcos vão se instalar no Egito, no Líbano, na Síria, no Irã, nos Bálcãs, na Tunísia e na Argélia. O Marrocos vai resistir e escapar à sua dominação. O século XVI foi o apogeu do poder militar otomano. O islamismo é a religião do Estado. No século XIX, começou o declínio desse grande império. Depois da Primeira Guerra Mundial, a Turquia tornou--se um Estado moderno, separando a religião

da política. O califado, isto é, a direção espiritual e política de todos os muçulmanos, foi suprimida em 1922. Graças a Mustafa Kemal, a Turquia tornou-se um país laico.
– O que é *laico*?
– Ser laico é não ser religioso.
– Isso significa não acreditar em Deus?
– Não, podemos acreditar em Deus e ser laicos. O laicismo consiste em não utilizar a religião para impor leis à vida das pessoas. O laicismo tornou-se oficial na França a partir de 9 de dezembro de 1905, data em que foi proclamada a separação da Igreja do Estado.[4] Um exemplo: a escola pública na França é uma escola onde os religiosos não têm o direito de ensinar. Eles têm, em compensação, o direito de possuir suas próprias escolas. Existem igrejas, sinagogas e mesquitas. Cada um tem o direito de ir rezar onde quiser. O Estado não intervém na prática da religião. A Turquia foi o primeiro país muçulmano a tornar-se laico.
– É importante?
– Em vista dos acontecimentos atuais, é muito importante separar a religião da polí-

---

[4] O Brasil tornou-se um Estado laico a partir de 1889, com a proclamação da República. (N. E.)

tica. Enquanto não houver uma barreira entre os dois, haverá sempre problemas. Na França, os muçulmanos devem praticar sua religião dentro do respeito às leis da República.

– Como?

– Você se lembra das meninas que vinham à escola com a cabeça coberta com um véu?

– Não, mas me conte.

– Alguns professores não queriam aceitá-las nas salas de aula alegando que, por ser a França um país laico, ninguém deveria mostrar sua vinculação religiosa na escola.

– E aí, o que aconteceu?

– Houve muita polêmica. Finalmente, algumas meninas desistiram de colocar o véu. Outras foram retiradas da escola por seus pais. Eles erraram aos privá-las do ensino.

– Outro dia, vi na televisão, mulheres cobertas dos pés à cabeça. Pareciam fantasmas...

– O que você viu foram mulheres afegãs maltratadas pelos homens em nome do islã.

– Mas o islã obriga a mulher a cobrir-se por inteiro?

– Não. Você se refere ao véu, que se chama *hijad* no mundo árabe e *tchador* no Irã. O *Corão* diz simplesmente: uma mulher que reza, portanto que se dirige a Deus, deve cobrir a cabeça e trajar roupas que não

acentuem seu corpo. Encontramos a mesma coisa entre os judeus e os cristãos. Se uma mulher estiver vestida de modo provocante, por exemplo, se ela veste uma minissaia ou uma blusa que mostra seu seio, se seu cabelo estiver desgrenhado, ela não poderá entrar na igreja ou na sinagoga. As mulheres muçulmanas têm o direito de ir à mesquita, mas não podem se misturar aos homens. É para evitar perturbações e incômodos. Um lugar de oração não é um lugar de encontro entre os sexos.
– Então, Deus fala do *véu*.
– Sim. Na surata XXIV ("A luz"), versículo 31, ele recomenda às mulheres que "baixem seus olhos" e "cubram seus seios com o véu". Na surata XXXIII, versículo 59, ele se dirige ao profeta assim: "Diga às suas esposas e às suas filhas, e às mulheres dos religiosos, que elas deixem cair até embaixo seu vestido. Será mais difícil de reconhecê-las, e assim, de serem ofendidas". Isso significa que as mulheres dos religiosos deviam se distinguir das mulheres de pouca decência.
– Por que Deus fala das esposas? O profeta tinha várias?
– No islã, o homem tem direito a quatro esposas. É o que chamamos de poligamia.

– Eu sei. Mono é um; poli é muitos. Mas isso não é justo!

– Você tem razão, não é justo. Se prestarmos atenção ao texto do *Corão*, percebemos que é impossível para um homem religioso e bom muçulmano ser polígamo, pois está escrito que "com a condição de amá-las por igual", isto é, ser justo e imparcial com cada uma delas. Isso, o mesmo amor por quatro mulheres ao mesmo tempo, é impossível. Forçosamente, haverá uma preferência, logo uma injustiça. Hoje em dia, a poligamia está em vias de extinção, porque a mulher adquiriu direitos, infelizmente não em todos os países islâmicos, porém em alguns, como a Tunísia, onde a poligamia é proibida. Nem o véu, do tipo talibã, nem a poligamia são admissíveis atualmente.

– As mulheres se revoltaram, espero!

– Sim, mas nem sempre e nem todas ao mesmo tempo. Felizmente, associações de mulheres nos países muçulmanos, como o Egito, o Marrocos ou a Argélia, lutam para que o Código da Família mude e para que a mulher tenha os mesmos direitos que o homem. Não é fácil, porque mesmo que os textos das leis sejam reformulados, levará ainda certo tempo para que as mentalidades

aceitem a transformação de seus hábitos. Um bom muçulmano deve ser um homem justo, logo ele deveria aceitar que a mulher tenha os mesmos direitos do que ele na vida diária. Saiba que, para o islã, não há nenhuma vergonha ou pudor em falar sobre a sexualidade. Dizemos em árabe: *La haya'a fi dine*.
– O que isso significa?
– Quer dizer que o islã fala espontaneamente das relações entre homens e mulheres. Quando eu era adolescente, li um livro, *O jardim perfumado*, escrito no século XV por um homem religioso da Tunísia, xeique Nafzawi. É um manual de educação sexual para os jovens muçulmanos. Evidentemente, é destinado aos rapazes e não às moças. Baseado nas recomendações do islã, o xeique se expressa e explica como fazer amor.
– Voltemos à História!
– Então, após o fim do Império Turco, foi a vez de os europeus entrarem e se instalarem com tudo nos países onde não foram convidados: os franceses desembarcaram na Argélia em 1830; os ingleses no Egito em 1882; depois da Tunísia, os franceses estabeleceram um protetorado no Marrocos em 1912.
– Por que eles foram para esses países?

– É o que chamamos de colonização. "Colonizar" significa fixar colônias em terras estrangeiras, isto é, ocupar terras por meio da força e impor aos países leis e regras que submetam a população local. É uma dominação.

– É injusto!

– Sim, é violento e injusto. Mas o que permitiu a ocupação desses países árabes e muçulmanos foi o declínio que eles sofreram. É como um corpo doente incapaz de se defender que se vê invadido por outras doenças.

– As pessoas se revoltaram?

– Sim, após algumas décadas, elas acordaram. A mais terrível dessas guerras para a independência foi a da Argélia, entre 1954 e 1962. Houve centenas de milhares de mortos de ambas as partes. Os franceses, nascidos e vivendo na Argélia, tiveram que deixar o país.

– O islã desempenhou algum papel nessas guerras?

– Sim. O islã, como religião e cultura, unificou todos os combatentes. Ele os tornou solidários. Mas isso não se transformou em guerra de religião. Após as independências, esses países sofreram convulsões políticas.

9º dia

– De onde vem a violência dos muçulmanos?
– Nem todos os muçulmanos são violentos. Não se deve nunca generalizar. Nenhuma religião é totalmente pacífica ou totalmente voltada para a guerra. No *Corão*, você encontra muitos versículos que preconizam o amor, a justiça, a concórdia e a paz entre os homens, o perdão e a sabedoria, e você também encontra versículos que estimulam os muçulmanos ao combate, caso as circunstâncias assim o exijam. A violência existe em todo lugar. Além disso, os muçulmanos não formam mais um império, como no início do islã. A comunidade muçulmana está espalhada por todos os continentes. Não creio que um chinês tenha a mesma concepção da prática da religião muçulmana do que um marroquino ou um africano ou um convertido europeu. Na realidade, após a morte do profeta, a violência e as guerras foram deflagradas. Isso prova que o islã não é uma religião separada da vida diária. Ela se preocupa com a conduta dos homens na cidade, com sua moral, com a organização e com o rumo de sua comunidade. É o que chamamos de política. Isso possibilitou ao

imame Komeini, aquele que derrubou o xá do Irã em 1978 e estabeleceu uma república islâmica, dizer: "o islã é política ou não é nada". Desse modo, o islã governa mais diretamente a vida das pessoas do que o cristianismo e o judaísmo. A partir daí, a porta ficou aberta à luta e à violência. A política é, muitas vezes, a luta pelo poder. Se esse combate for feito em nome do islã, como é o caso do Irã, a violência empregada será forçosamente atribuída ao islã.

– Sim, quero saber, quero compreender porque hoje em dia falam do islã por causa dos atentados.

– Você tem razão. É preciso ser paciente e continuar a ouvir a História do islã. Tenho que falar de uma seita chamada de *haxaxins* – uma seita é um grupo de pessoas que segue cegamente um mestre denominado de "guru". A palavra árabe *haxixe* significa "erva" e, de maneira mais abrangente, "droga". O *haxaxin* é um consumidor da droga, aquele que fuma essa erva. Essa seita existiu na Ásia ocidental, isto é, na Síria e na Pérsia, nos séculos XI e XII. Seu líder, Hassan I-Sabbah, muçulmano rigoroso, duro e autoritário, era chamado de "O Velho da Montanha" (morto em 1166). Trans-

formado em guru, ele se instalou no castelo de Alamût, perto do Mar Cáspio, e de lá enviava suas tropas como expedições coercivas contra os governantes. Antes, ele drogava seus discípulos com cânhamo nativo. Ele era o terror dos reis e príncipes. Suas armas eram o terror, o ódio e os massacres. A palavra *haxaxins* deu origem à palavra "assassino".
– "O Velho da Montanha" era também um mau muçulmano?
– Ele era xiita e queria parecer misterioso. Já fizeram uma comparação entre os que cometem os atentados atuais ao "Velho da Montanha". Mas, outra vez, isso não vem do islã.
– Eu sei. O islã significa "submissão à paz", não cometer crimes. Mas os que cometeram os atentados eram muçulmanos.
– Sim, mas os muçulmanos não são o islã.
– O que isso significa?
– Isso significa que uma religião não é compreendida do mesmo jeito por todos que a reivindicam.
– Bem, o que aconteceu em seguida?
– O islã expandiu-se muito na África e na Ásia (você sabia que o maior país muçulmano está na Ásia? é a Indonésia). Imagine

que eles eram algumas centenas no século VII, e agora, eles são mais de um bilhão.
– Um bilhão de muçulmanos no mundo! Por que tanta gente torna-se muçulmana?
– Os árabes são uma minoria, se comparados aos asiáticos muçulmanos. Nem todos os árabes são muçulmanos. Você encontra árabes cristãos no Egito (são os coptas; eles representam 15% da população); no Líbano, são os maronitas. A missa é rezada em árabe. É muito bonito.
– E na França?
– O islã é a segunda religião da França. O país tem aproximadamente 4 milhões de muçulmanos; a maioria é de magrebinos; os outros são turcos, africanos, paquistaneses, egípcios etc. Como no islã não existe clero, eles não chegam a uma conclusão para designar um representante único para todas essas comunidades.
– Você acha que os muçulmanos e os cristãos vão conseguir conviver em paz na França e no resto da Europa?
– Não há guerra entre as duas religiões. Os muçulmanos da França têm a sorte de viver em um país democrático, o que lhes garante o direito de praticar livremente sua religião. Mas não podemos esquecer que a França é

um país laico, isto é, nenhuma religião é religião do Estado. Todas as religiões têm o direito de existir, mas sem predominância de nenhuma. Para terminar, vou lhe recitar um versículo do *Corão* em louvor ao que chamamos de miscigenação: "Ó homens/ Em verdade, nós vos criamos de um macho e de uma fêmea, e nós vos dividimos em povos e tribos para que vós podeis vos conhecer mutuamente".[5]

– Gostaríamos de saber o significado de algumas palavras que ouvimos. Você pode explicá-las?
– Quais palavras?
– *Integristas*.
– De acordo com o dicionário, essa palavra deriva da palavra espanhola *integrista*, que significa "membro de um partido que estabelece que o Estado seja dependente da Igreja". Portanto, nessa noção, há a palavra "íntegro" que significa algo de bom. Um pessoa íntegra é leal, fiel a seus princípios e a seus valores. O contrário dessa palavra é "corrompido". O corrompido é alguém que se vende, que sacrifica seus valores e

---
5 *Corão*, surata IL, versículo 13.

seus princípios pelo dinheiro ou por um interesse.

– Mas o que "integrista" tem a ver com o islã?

– Os muçulmanos extremistas não utilizam essa palavra para designar a atividade deles. Em compensação, essa palavra foi utilizada para designar os católicos que exigem mais rigor na prática de sua religião. Eles querem, por exemplo, que a missa seja rezada em latim e não em outras línguas. Quando os muçulmanos começaram a exigir um islã mais rigoroso, mais fiel à época do seu surgimento, a imprensa os designou com a palavra "integristas".

– Como eles se chamam, então?

– Eles se denominam *islamitas*. Entre eles, eles se chamam de irmãos. Isso vem do primeiro movimento constituído em 1928 por um professor, Hassan Al Banna, numa cidadezinha do Egito, Ismaília, e que era conhecido por "Irmãos muçulmanos". Ele lutava contra a degradação dos costumes e contra as influências dos europeus sobre os muçulmanos. Ele era opositor do partido nacionalista egípcio Wafd, que militava por um sistema político democrático e parlamentar. Um dos líderes, Sayed Qutb, foi preso e torturado por "complô contra Nas-

ser [então governante do Egito]", condenado à morte e executado em 29 de agosto de 1966. Foi seu mestre, Al Banna, que disse: "Toda parcela de terra na qual foi içada a bandeira do islã representa para o muçulmano uma pátria que ele deve conservar, para qual ele deve trabalhar e combater na guerra santa". O movimento prosseguiu seu caminho no Egito e em outros países muçulmanos. Eles são bem organizados, ajudam os pobres e doentes, e sempre se referem aos numerosos livros deixados por Sayed Qutb, que era um homem muito culto. Quando escutamos as pregações dos islamitas, compreendemos que eles buscam impor pela força um modo de vida, de comportamento e de vestimenta que negam a época atual. Eles esquecem algo bem simples: o islã nasceu há mais de catorze séculos. Em seus escritos encontram-se valores sempre louváveis, eternamente. E depois existem elementos referentes à época de seu surgimento que não se adaptam mais aos tempos modernos. Eles querem regredir à época do profeta e entendem a mensagem de Maomé de maneira muito reduzida, muito esquemática e caricatural.
– Por exemplo?

– Os "islamitas" não querem que a mulher se iguale ao homem, nem que ela tenha direitos, e tampouco possa decidir por ela mesma seu destino. São a favor do repúdio e da poligamia.

– O que é *repúdio*?

– O marido tem o direito de se divorciar de sua mulher sem pedir sua opinião e sem passar diante de um juiz ou advogado. Ele recorre a um funcionário dos assuntos religiosos para enviar um aviso a sua mulher.

– Mas isso não é certo.

– Não é certo, nem humano. Porém, isso está mudando em certos países muçulmanos que querem ser modernos. Existe o hábito de dizer à mulher: "Você tem que obedecer ao seu marido, se não tiver marido, a seu pai, se não tiver pai, ao seu irmão etc." As mulheres não devem se vestir desta ou daquela maneira. Os que dizem isso se referem a alguns versículos corânicos que não dão os mesmos direitos ao homem e à mulher, ou a outros versículos que eles interpretam à maneira deles. Espero que decisões sejam tomadas nos países muçulmanos a favor da mulher para que ela não seja mais desvalorizada e menosprezada em nome do islã. Ela tem que ter os mesmos direitos dos homens. Aqueles que a maltratam esquecem que Deus não ama a injustiça nem a humilhação. São pessoas que certamente decoraram o *Corão* e que só retiveram os versículos que lhes convinham. Portanto, o *Corão* permite muitas interpretações. O que chamamos de "integrismo" prejudica o islã e os verdadeiros muçulmanos.

– Eles o fazem voluntariamente ou eles não são cultos?

– Os piores são as pessoas semieducadas.

– O que é "semieducado"?

– São pessoas que sabem ler, mas não compreendem o que leem; elas se acham cultas, mas não passam de ignorantes. São pessoas perigosas.

– A palavra *fundamentalista*.

– É igual à palavra "integrista", que significa: volta aos princípios fundamentais do islã, como se o mundo não tivesse evoluído.

– A palavra *jihad*.

– Significa "esforço". Primeiramente, os muçulmanos a compreenderam como "esforço de si mesmo", "resistência contra as tentações, contra a força do mal". Depois, ela foi utilizada como apelo ao combate quando o profeta foi ameaçado e perseguido pelos habitantes de Meca, que não acreditavam na sua mensagem. Depois da morte do profeta, a expansão do islã se produziu no combate. No século XI, quando os cristãos decidiram partir para a guerra contra os muçulmanos, isto é, fazer as Cruzadas, os muçulmanos decretaram o *jihad*, o combate contra os agressores para se defenderem. Agora, essa palavra perdeu seu sentido, porque o islã continua a se expandir pacificamente e não sofre ameaça de ninguém. Portanto, utilizar essa palavra hoje em dia é um contrassenso. Eles tentam aterrorizar os outros.

– A palavra *fatwa*.

– Essa palavra deriva do verbo *fata* que significa "ditar". Aqui, *fatwa* significa um parecer de ordem religiosa, mas não é uma lei. Ele é proclamado por alguém que conheça bem o *Corão*: um especialista, um professor de religião. Mas, por exemplo, um *fatwa* lançado como ordem para matar um muçulmano que tenha escrito ou dito coisas julgadas como inadmissíveis, é um abuso. O islã não admite o *fatwa* como uma lei ou como um decreto que deva ser aplicado.

– *Charia*.

– É uma linha de conduta, uma moral traçada pelos antigos homens de religião. Ela

se baseia no *Corão* e nas palavras do profeta. Para alguns, é mais do que uma moral, pertencendo ao âmbito jurídico, ou seja, um conjunto de leis que os muçulmanos devem aplicar em sua vida diária. A *charia* não é obrigatória. Nem todos os países muçulmanos a aplicam. Para a maioria deles, é um retrocesso incompatível com o direito e com a vida moderna.
– A palavra *tolerância*.
– O verbo "tolerar" significa "suportar", "aceitar", ou mais concretamente : "Eu não sou como você, não pertenço à sua religião, não sou do seu país, não concordo com suas ideias, mas eu aceito que você exista ao meu lado, que você pratique sua religião, fale sua língua e pense o que você quiser. Em contrapartida, você também tem que me aceitar como sou". A tolerância só tem sentido se for recíproca. A intolerância é o fato de não aceitar e mesmo de recusar os que são diferentes. Ela alimenta o racismo.
– Temos que tolerar tudo?
– Não, justamente, não devemos tolerar o racismo, a humilhação.
– O que significa *humilhação*?
– Humilhar alguém é fazer com que ele se envergonhe, é privá-lo de sua qualidade de

ser humano, isto é, de sua dignidade, de seu amor-próprio. É ferir sua personalidade, prejudicá-lo e fazer que sofra injustiças.
– O islã é uma religião tolerante?
– Inicialmente, nenhuma religião é tolerante. Toda religião tenta convencer os outros que ela é única e somente ela está certa. Mas quando lemos os textos dos livros sagrados como o *Corão*, aprendemos que o islã não surgiu para entrar em guerra contra os judeus ou contra os cristãos. Logo, o islã, que reconhece as outras religiões e seus profetas, é tolerante. Vou citar três versículos que provam a tolerância do islã. Surata II, versículo 256: "Não existe imposição em religião", isto é, não se deve obrigar as pessoas a se converterem ao islã, e tampouco obrigar os que já são muçulmanos a se comportarem conforme as regras estabelecidas pela força de um chefe. Surata CIX, versículo 6: "Você com sua religião e eu com a minha", é claro, as crenças religiosas, assim como os gostos e as cores não se discutem e o respeito deve ser recíproco. Surata XXVIII, versículo 56: "Não é você que guiará quem você quiser, é Deus que guiará quem Ele quiser". O texto é claro, o islã não obriga ninguém a acreditar em sua

mensagem, cada um tem o direito de ter suas crenças e de ser respeitado, assim como ele deve respeitar as crenças dos outros. Finalmente, nenhum homem tem o direito de substituir Deus e dar ordens aos religiosos; em outras palavras, aqueles que se proclamam chefes religiosos islamitas estão errados. Não existe clero no islã, isto é, intermediário entre Deus e homem, não existe padre ou rabino como nas outras religiões. Não existe o papa, o chefe supremo que seria o representante de Deus na Terra. Existem imames, isto é, pessoas qualificadas que presidem a oração e fazem pregações às sextas-feiras nas mesquitas. O imame tem autoridade moral, mas não desempenha o mesmo papel que o padre ou o rabino. Mas, como nas outras religiões, o islã tem seus fanáticos, isto é, pessoas que não admitem que outras pensem ou acreditem diferentemente delas. É uma minoria. Infelizmente ela é ativa e maléfica! Ela prejudica os muçulmanos e os que não são. Os fanáticos agem em nome do islã, mas geralmente são pessoas ou analfabetas que não estudaram os textos, ou pessoas inteligentes que utilizam o islã para espalhar sua propaganda política, isto é, seus interesses.

São os famosos "semieducados". Como disse um poeta tunisiano, "o islã tem suas enfermidades". No momento, estamos sofrendo os efeitos delas. E é o que nos traz ao ponto de partida de nossa conversa: os atentados contra os norte-americanos que ocorreram em 11 de setembro de 2001.

– Por que eles fizeram isso?

– Porque eles pensam que os norte-americanos são os responsáveis pela infelicidade de algumas populações árabes e muçulmanas. Porque foram enganados por líderes que se consideram justiceiros. Porque eles estão errados e se recusam a admitir o erro. Porque foram "trabalhados" por esses mesmos líderes que conseguiram eliminar neles a dúvida e o pensamento. Porque disseram a eles que Deus ama os mártires e que ele os recompensa, enviando-os ao paraíso. Porque não receberam uma educação voltada para o respeito às ideias e culturas dos outros. O islã nunca ensinou o ódio, o crime e o suicídio; pelo contrário, ele os condena severamente.

– O que significa *mártir*?

– Aquele que morre "no caminho de Deus". O mártir é o muçulmano que morre em nome da fé, no combate para defender o islã

quando ele é atacado, para se defender se ele for contestado como muçulmano, ou para libertar seu país do jugo de estrangeiros. Há duas palavras árabes para designar um mártir: *fidâ î* (aquele que oferece sua vida) e *shahid* (aquele que testemunha). Deus promete o paraíso ao mártir.
– *Talibãs*.
– O verbo árabe *talaba* significa "pedir"; um *tâleb* é aquele que reclama o saber, o ensino. A palavra "talibãs" designa não estudantes, mas um movimento que se diz religioso. Ele surgiu no Afeganistão e se caracteriza pelo ódio à mulher e à arte. Assim, os talibãs aterrorizam as mulheres, proíbem-nas de frequentar a escola, de trabalhar numa repartição pública, de praticar esporte, de escutar música; quando elas adoecem, não são tratadas; eles matam as que eles consideram "imorais", apedrejando-as, e enterram vivas as acusadas de adultério... Eles têm práticas de um outro tempo: por exemplo, o fato de decepar a mão de um ladrão ou de executar em um estádio uma pessoa condenada à morte sem julgamento. Eles conhecem apenas alguns versículos do *Corão*, mas a maioria não sabe ler nem escrever. E tudo isso, eles fazem em nome do islã!

– Eles são loucos!
– Sim, eles são loucos e perigosos, ignorantes e bárbaros. Eles não conhecem o islã e sua civilização. Se deixarmos, eles certamente arruinarão definitivamente essa cultura.
– É verdade que a pintura é proibida pelo islã?
– Não, isso é mentira. O que se proíbe é a representação de Deus ou do profeta Maomé. Não podemos desenhar seus rostos. Deus é um espírito. Como representá-lo? Quanto a Maomé, o essencial é seu espírito. Não podemos visualizá-lo. Mas podemos desenhar quem e o quê bem entendermos. Na Pérsia existe uma bela tradição de pintura e de desenho, de iluminuras que decoram os antigos manuscritos.
– Agora, entendi! Há o islã e, depois, há os muçulmanos. Alguns compreenderam a mensagem do profeta, outros a compreenderam mal ou fingem tê-la compreendido e querem voltar atrás. Mas não é possível mudar essa situação no islã?
– Vivemos numa época moderna. Logo, queremos que o islã seja adaptado a essa vida moderna. Você tem razão. Aqueles que tentaram modificar as coisas positivamente – por exemplo, melhorar a condição da mulher – encontraram muitas dificuldades. No islã,

como em outras religiões, há coisas eternas e outras passageiras, isto é, válidas para uma época e não para todas outras. O problema é que existem pessoas que dizem que tudo é eterno e nada deve ser transformado; outras dizem que é possível adaptar essa religião à época em que vivemos. Se não conseguimos introduzir a liberdade em alguns países muçulmanos, como conseguiremos alterar a religião? Como eu disse anteriormente, o mais importante, o mais urgente é separar a religião da política. Enquanto os governantes se apoiarem na religião, continuaremos a ter problemas e doenças como o fanatismo e suas consequências, isto é, o terrorismo e a ignorância.

– Como assim?

– Como as outras religiões, o islã não é muito favorável que a mulher seja igual ao homem, embora lhe garanta alguns direitos. Atualmente, as sociedades muçulmanas sentem a necessidade de evoluir. Todos esquecem que Khadija, a primeira mulher do profeta, era uma mulher de negócios, uma comerciante que fazia trabalho de homem. Podemos tomar como exemplo sua condição para reformar a condição da mulher hoje em dia. O islã não proíbe as leis favoráveis aos direitos das mulheres, mas os homens têm medo de estabelecer uma igualdade de direitos entre eles e as mulheres. A Tunísia foi o único país a reformular suas leis com o objetivo de defender a mulher. Na Arábia Saudita, a mulher não pode nem dirigir um carro. Quanto às mulheres afegãs, elas sofrem a lei mais bárbara, a dos talibãs. Mas os talibãs são pessoas que não compreenderam o islã e o desfiguraram, a ponto da comunidade muçulmana ainda sofrer as consequências. Eles demoliram estátuas budistas que datavam de séculos e pertenciam ao patrimônio mundial da civilização.

– O que há a fazer?

– Lutar contra a ignorância. É ela que proporciona o fanatismo e a intolerância. Não há nada mais perigoso do que aquele que nada sabe e pensa tudo saber. Felizmente, as mulheres muçulmanas se organizam em associações que exigem seus direitos. Há muito ainda a fazer para chegar a uma situação justa.

– Como lutar?

– Temos que começar pela escola. As meninas têm que completar todo o currículo escolar, recusando-se a sair da escola assim que atingirem a puberdade. Aliás, é preciso que os países árabes e muçulmanos reformulem os livros didáticos, introduzindo a tolerância, o respeito aos direitos do homem e da mulher, exemplificando isso com os nomes dos grandes cientistas muçulmanos que ajudaram no progresso da civilização universal. E é necessário suprimir desses livros, por exemplo, exemplos que favoreçam a estreiteza da mente ou que mostram à criança que é normal o homem bater na mulher, ou que a mulher deva ficar em casa enquanto o homem trabalha etc. É preciso que o islã seja ensinado da mesma maneira como são ensinadas as outras religiões, e dizer a verdade sobre sua expansão, que não foi feita sem guerras. Dizer também que os tempos mudam e que não é possível viver como no tempo do profeta. Em outras palavras, embora respeitando a mensagem de Maomé, crendo em Deus, o homem tem o direito de evoluir, isto é, de adaptar-se à vida moderna sem abdicar de suas crenças e de seus valores fundamentais. É preciso dar ao aluno todos os meios para que ele elabore sua própria opinião. É muito importante dar liberdade à criança para que ela não seja influenciada por outra religião. Em outras palavras, trata-se de um enorme trabalho, mas é preciso começá-lo. Foi isso que acabamos de fazer. Antes de acabar essa conversa, vou lhe dar uma lista das palavras e você vai me dizer o que elas têm em comum.

Por ordem alfabética:

> Abricó, açafrão, acaso, açúcar, alcachofra, álcool, alfândega, algarismo, álgebra, algodão, algoritmo, almanaque, almirante, amálgama, âmbar, amuleto, anágua, armazém, arroz, aval, avaria, azimute, azulado.

> Baldaquino, banana, barroco, benjoim, benzina, bergamota, blusa.

> Cabaz, cabo, café, calibre, camélia, camelô, cânfora, caravela, carmesim, carrossel, cheque, cetim, colchão, coruja, cúpula.

> Divã, dama, droga.

> Éden, esmeralda, espinafre, estragão.

> Fanfarra.

> Gala, garrafa, gaze, gazeta, girafa, guitarra.

> Harpa, haxixe.

> Jaqueta, jasmim.

Laca, laranja, lilás, limonada, loja.

Mesquinho, mohair, monção, mulato, múmia, musseline.

Número.

Química.

Raquete, risco.

Sacarina, saiote, safári, safira, sândalo, soda, sofá, sorvete.

Tafetá, talco, talismã, tamborete, tara, tarifa, trovador.

X, xadrez.

Zênite.

– Não sei o significado de todas essas palavras, logo, não sei o que elas têm em comum.
– Essas todas, e outras que deixei de citar, são de origem árabe. Atualmente, são utilizadas nas línguas latinas e ninguém supõe qual é a origem delas.
– O "x" também é árabe?
– Curiosamente, essa letra não existe no alfabeto árabe, mas os matemáticos árabes chamavam uma letra desconhecida de *chaï*

(coisa), abreviada *ch*. Ora, no espanhol antigo, o sinal "x" correspondia ao som "ch".
– Você sabe tudo!
– Não, eu encontrei todas essas palavras no dicionário. Para terminar esse diálogo, eu vou citar duas palavras do profeta Maomé (essas palavras são chamadas de *hadits*): "Do berço até o túmulo, coloque-se em busca do saber, pois quem aspira ao saber adora Deus"; "O estudo da ciência tem o valor do jejum, o ensino da ciência, o valor de uma oração". Assim, a aquisição do saber é considerada pelo profeta como sendo tão importante quanto os dois pilares do islã: o jejum do Ramadã e a oração diária.

SOBRE O LIVRO

Formato: 12 x 21 cm
Mancha: 19 x 39,5 paicas
Tipologia: Iowan Old Style 12/17
Papel: Pólen Soft 80 g/m² (miolo)
Cartão Supremo 250 g/m² (capa)
1ª edição: 2011
104 páginas

EQUIPE DE REALIZAÇÃO

Edição de Texto
Maíra Kubik (Copidesque)
Arthur Gomes (Preparação)
Íris Morais Araújo (Revisão)

Capa
Estúdio Bogari

Editoração Eletrônica
Vicente Pimenta (diagramação)

Assistência Editorial
Alberto Bononi

www.mundialgrafica.com.br